相場の神々

鍋島高明

目次

実録・相場師

福沢 桃介　変幻自在、早逃げの妙……2
犬養毅と金銭問答／世間で言うほどの儲けではない／三井の北炭売りを見抜く／相場師顔負け、池田成彬／相場の儲けは心血注いだ金、利子・配当はアブク銭／刻々変わる相場観／大波、小波はよめても漣はよめない／投機は無上の楽しみ／朝吹英二の忠告に迷う／幸運が重なり、大勝利／転地療養のつれづれに相場を始める／1年間で1000円が10万円に大化け／三菱の売りに向かって大苦戦／馬越恭平たちと新会社設立／別口座開設で人助け　名古屋の発展に寄与／信者のためにはひと肌脱ぐ／桃介におびえる経営陣／新聞社の編集局から出入り禁止／女優貞奴と浮き名流す

乾 新兵衛　これぞ、天下の金貸し……36
日露戦争の海運活況で大儲け／なんと果報な乾家婿入り／休戦見込み、船舶売却／リスクをヘッジしない男

小島 文次郎　一世一代のツケロ買い……45
桃介一派が郵船株売りまくる／「五二」の文次郎ツケロ買い／

文次郎の義侠心が巨利を呼ぶ

小田 末造　名妓落籍、ガラ的中……54
照葉、洋行話に降参／相場師が家で寝る不仕合わせ／大正バブル崩壊を見抜く／
わいの人生は相場と酒と女や

寺町 博　利乗せの相場師・発明家が行く……63
「寺町博は悲しんだ」／凄惨な終局、半日で半値／坂本嘉山、リベンジ成功、儲け頭／
巨損にめげず相場を愛する男／岡地中道の証言／財テクの失敗が発端／
乾繭相場で100億円の損

栗田 嘉記　クールに生きた理性と品格の勝負師……81
未曾有のハデな投げ／節度をわきまえた戦闘の倫理／慟哭の債権者会議／
明治物産時代にも大穴／栗田を殺すな／商取界狂気の昭和2年組／
小豆で桑名筋と対決／主役交代／私から相場を取ると何もない

山崎 種二　「相場は人生だ」……99
先物を振興、競輪・競馬を廃止さす／鬼の〝山繁〟にしごかれる／

松辰と天一坊のこと／政商筋が活躍した時代／コメ騒動下の大物相場師／暴利取締令第1号の岡半／石井定七に売り向かう／31歳で独立、開業／生糸の吉村将軍が蛎殻町に登場／「蛎殻町の至宝」川口関之助／怪人伊東ハンニと大勝負／ハンニ、槿花一朝の夢／古米を東京に移送、巨利占める／三重のお天気婆さんのこと／相場師もビクビク、夏海上／雑株のヘッジで新東を売る／憲兵隊から呼び出し／筆禍事件で〝村八分〟／身にしみる片岡辰次郎の大岡裁き／日活株の大仕手戦／堀久作の回顧談／日活株は上場廃止／兜町の全盛期は郷理事長の時代／永野護と米穀取引所／渋沢栄一の推せんか／旭硝子株の大仕手戦で売りの総大将／親株を買い、未発行の権利株を売る／ついに解合、売り方完敗／日経が伝える激闘の3日間／山一の大神副社長、立会場から陣頭指揮／東穀取初代理事に就任／売りのヤマタネ、小豆で惨敗を喫す／ついに理事長退陣を表明／またまた「売りの虫」がうごめく

田附 政次郎 「将軍」と呼ばれて40年……152

相手は岩田惣三郎・宗次郎／生まれは近江商人のふるさと／大正期の三品は黄金の日々／山口嘉蔵、座摩天井で憤死／第3段階、石井定七の参戦／第4段階は猛烈な群衆買い／群衆買い恐れるに足らず／「憲政の神様」と交友結ぶ／三品取引所の誕生／

明治33年には7割配当も／若さに似ずリスク分散を考える／多かったヤミ売買／取引所が近づくと緊張で体重増／益東生の綿糸買占め／守山又三の大思惑／守山、北海道へ逃げる／義和団事変で窮地／椙の森で買いまくる／投機は必要、不可欠なり／全身が投機そのもの／油断・驕慢を反省、大奮闘を宣言／放胆にして緻密／金銭に執着しない／公私の勘定を峻別／実業家の足跡も／京大に北野病院を寄付／さまざまな田附評

先物寸言

バロン郷とピンさんのこと　「あのシマ」と「この社会」……202
上田常務理事奮戦す　東西コメ市場の柱石……205
根津理事長誕生の前夜　未曾有の混乱のあと黄金時代……208
蛎殻町の華・合百の黄金期　投機街の復活はあるか……212
新年会で「平民宰相バンザイ」　永井末之輔回想記から……216
森川直司和尚を悼む　小諸なる古城の辺《ほとり》に没す……220
ハマの名珠が砕ける時　平沼延治郎の死から112年……224

親が曲がれば子は伸びる　敗残の背中が発奮剤……227
辛辣極めた蛎街ジャーナル　「米屋町繁昌記」(1913年版)にみる……231
仲買人の品格　谷崎久兵衛にみる……235
重い東米商理事長ポスト　米価の威力に跪《ひざまず》く財界人……238
堂島取の基礎固めた岡弥蔵　「相場をやらんと生きる価値ない」……242
横浜市場を賑わした面々　グレート・スペキュレーターも……246
お客には絶対迷惑かけない　細金雅章自伝を読む……249
徳がなければ金は逃げる　三品市場の仕手、西山九二三……253
カラ荷事件の謎は残る　東穀、60年前の大珍事……257
投機は神聖無上の高尚な事業　「糸へん太平記」の主、田附将軍……261
豊穣の商取戦後史　森川直司和尚を偲びつつ……265
米寿卒え健筆ふるう　高橋弘著「ふれあい」を読む……268
市場再興に燃えた華城名流　三品の若きリーダー……272

高橋銑十郎さんを偲ぶ　東穀全盛期を支える……275
新しい明日のあるを信じたい　わが「オンリー・イエスタデー」……279
歴史を語る資格はあるか　小冊子に溢れる逞しさ……283
人生の節目で相場に遭遇　日経新聞「私の履歴書」にみる……287
先物ジャーナル紙休刊す　業界紙と業界は軌を一に盛衰……290
「マムシの本忠」を悼む　志は千里の外を駆け巡る……293

先人に学ぶ——目からウロコの投資塾——

①腹八分目に徹す—古代中国の陶朱猗頓……298
②徹底調査と堅い信念——財閥の礎を築いた巨人たち……300
③早耳とやきもちは禁物——大物相場師のワンポイント……303

あとがき……307

実録・相場師

福沢 桃介（1868〜1938）

変通自在、早逃げの妙

福沢桃介ほど口八丁手八丁の相場師も珍しい。しばしば講演会等に引っ張り出されて、相場哲学を語り、著作を次々に上梓するほど筆まめであった。「桃介全集」ができるくらい多くの本を出した。そして、毀誉褒貶相半ばする桃介論の数々をみると、この男を単に天才相場師のひと言でくくってしまうには余りにも多才であることが分かる。

たとえば大隈重信などは「世間では桃介君を薄情だとも言おう、また大欲張りだとも言おう。またある人は親切だとも、才子だとも言おうか、私は氏に期待している〝あるもの〟がある」として以下のように述べている。

「元来桃介氏は機を見るに敏捷な才子であるが、その才を縦横に働かし、断行せしむる強い精神のある力を持っていると思う。この才とこの精神力をもって氏はまず金を儲けた。金三昧に入って、金と心中するほどに熱心に金を貯めた。世間の悪評などは所詮氏の心を動かすことはできなかった。『福沢先生の養子ともある桃介君があんな悪口まで言われても平気で金を貯める、先生の拝金の意味を誤解している』などといろいろな評判はあった」

大隈は桃介の精神力に着目する。それは桃介が若いころ肺病に罹って死の床に伏しながら、立ち直ってきたことを指している。かつて死に至る病であった肺結核を克服し得たのは医業の力だけでは無理で強靭な生への執着力が必要であったのだ。

そして、大隈が桃介に期待する〝あるもの〟とは政界への進出である。当時国会に議席を得るためには莫大な資金を要した。「井戸塀政治家」という言葉に端的に表わされているように、昔政治家になると故郷の生家は井戸と塀しか残らない、それだけ金を散財しなくてはならなかった。

大隈は桃介がそれまでに貯めたお金を後日、政界に打って出るための資金であると好意的に受け止めた。桃介は大隈の期待にそむかず、明治45年千葉から衆院選に立候補し、当選するが、国会議事堂は場違いだったとみえ、一期だけで実業界に戻った。

犬養毅と金銭問答

犬養毅※がかつて桃介と金銭問答をやったことがある。そこには誤解を恐れない桃介の大胆さが如実に表れている。

犬養「君は金をつくったそうだが、なんのためになる」
桃介「欲しいからつくるのだ」
犬養「君は人を救うことはないか」
桃介「金を出すことは大嫌いだ」
犬養「人に金を貸すことはないか」
桃介「ない。が、是非という時はくれた気で貸す」
犬養「世間からなんと悪口を言われても構わないか」
桃介「金を溜めるためには世間からたとい残忍酷薄といわれても一向に構わない」

※犬養毅（1855〜1932）政治家。備中庭瀬藩（現岡山県）郷士の子に生まれ、慶応義塾に学ぶ。号は木堂。昭和4年政友会総裁となり、同6年内閣総理大臣、同7年、五・一五事件で暗殺された。

右記の一問一答を聞いた人は、桃介の養父である福沢諭吉そっくりだと思うだろう。偽善家を忌み嫌い、あえて偽悪家たらんとした諭吉の志が桃介に伝授されているのだ。犬養も「福沢老先生は一つのことを言い表すのに綺麗な言葉ときたない言葉があるとすると、必ずきたない言葉を採用した人である。桃介氏の性行と言葉と相違なきところなどは、感化し、また影響しておるのでは……」と語っている。

世間でいうほどの儲けではない

桃介の多彩な相場歴の中で一番よく知られているのは、明治40年のガラを売りで取った一件であろう。日露戦争バブル景気で踊った第一人者は鈴久こと鈴木久五郎であるが、桃介はこの鈴久に売り向かった。それは明治39年9月か10月ごろのことだ。株価の余りの高騰に桃介はドテン売りに回るが、来る日も来る日も相場は上昇する一方で、追い証（追加証拠金）責めに遭う。さすがの株名人も今度ばかりはつまずいたか、と踏み上げ（損を覚悟の買戻し）を覚悟しつつあった。

ところが、翌40年1月20日を境に相場の潮目が変わり、一転パニック状態となり、桃介は九死に一生を得たばかりか、大勝利を収めた。この大ガラ相場の当たり屋の筆頭に数えられるが、本人は「世間は、桃介はよく時勢を洞察して株を売り抜けたとうらやむが、これは大間違いである」とし、こう語っている。

「なるほど、私は売り抜けた株もあるけれど、売らずに背負い込んでいる株も沢山ある。ただ、私が幸い破綻を免れたのは、他の成金先生がパッパと金を使っている間に、私は多少儲けた金を少しも無駄に使わずして北海道の牧場に投じたり、鉱山を買ったりしたからである」

三井の北炭売りを見抜く

世間で噂するほどの儲けではなかったかも知れないが、桃介が空前の大相場に向かって売り出動するに際し、一つのエピソードがある。それは、福島浪蔵の店（山叶）から大量の北海道炭鉱（北炭）の株が売り出されている点に異変を察知したのである。天下を挙げて株を買っている時代に大量の売り物を浴びせるのは実株筋に違いないとにらんだ。北炭の実株筋といえば三井だ。三井だとすれば機関店はヲ印の織田昇次郎の店のはず。だが、大量の実株を持っているのは三井しかない。桃介は早速、三井銀行の池田成彬営業部長を訪ねた。
桃介「池田君、三井が北炭株を売り出したね」
池田「そりゃ知らん」

たったそれだけの会話で、桃介はすべてを了解、サヨナラと言って帰った。実は、池田は機関店のヲ印を使うと、世間では三井が売っていると分かってしまうので、あえて山叶商店を通して売りに出たのだった。それだけ最高秘密事項であった。

池田成彬は後年、三井の最高幹部から日銀総裁、大蔵大臣を歴任する出来物だが、桃介から「北炭株を売り出したネ」とカマをかけられた時、桃介の烱眼《けいがん》に度肝を抜かれたとみえ、こう述懐している。

「桃介は一口にいうと目から鼻に抜けるというか、とにかく非常に素早いのです。その代わりに昨日言ったことは今日は忘れるというたちです。その点はすっきりしたものです。――すべて天才的ひらめきでやってきて、深く考えるとか、何とかいうことは絶対にしない。悪くいうと、その時の出まかせでやる傾向がありますね。ああいう頭だから株は天才的ですね」（「故人今人」）

池田成彬による北炭株売却のいきさつを記しておく。そもそも三井が北炭株を買い入れたのは大御所、中上川彦次郎※が常務理事の時代で炭礦業界の再編をにらんで明治32年ごろのことである。

※中上川彦次郎（１８５４～１９０１）実業家。大分県生まれ。福沢諭吉の甥に当たり、時事新報主筆、山陽鉄道社長を経て三井に入り、三井財閥の基礎

をつくった。

明治39年当時、三井は北炭株を10万株前後持って大株主として君臨していた。池田はそのころ三井銀行の営業部長の地位にあったが、専務理事の早川千吉郎や理事の波多野承五郎に株の売却を迫った。

「当時の池田は大なる英国式預金主義の信奉時代で、銀行が株式を持つなどはもっての外だとなしていた。そこで幸い株価が上がって儲かるようになったから、これを処分する、もし処分するのが嫌なら三井の管理部（後の三井合名）に引き取ってもらいたいと最高幹部に申し出た。この申し出に最高幹部も困った。判断に迷ってぐずぐずしているうちに池田は機会を失するを恐れて執念で処分を迫ったのでやむを得ず、池田の言う通り売り出すことになった」(西野喜与作著「財界半世紀側面誌」)

相場師顔負け、池田成彬

売り抜けが世間に知れては、チョウチン売りが加わって暴落しかねないので、池田は慎重を期し、これまで取引したことのない店で信用が置けるところということで福島浪蔵に白羽の矢を立てた。福島は三菱の機関店だから市場をかく乱する狙いもあったかも知れない。ある朝早く、池田は福島邸を訪ね、極秘裏に売り建てることを頼み、その証拠金に公債100万円（現在の価値にして数十億円）を持っていくことを約束する。莫大な証拠金を持参するに当たって池田は知恵を巡らした。

「池田は直ちに金庫に入り、公債100万円を出して給仕に新聞紙に包ませ、自分の机の横にほおって置かした。銀行の仕事が済んだ後に何知らぬ顔をして新聞紙に包んだ公債を持って、山叶の店に行って福島に渡した」（同）

こうして三井銀行による北炭株売りが敢行された。まず先物市場で売り建て、納会で現株を引き渡す作戦である。折しも買い人気が盛んな時だったので、大量の売り物も順調にさばけた。桃介は三井の売りにチョウチンをつけ売りまくったが、市場では東株1000円説、北炭株250円説が声高に叫ばれていた時で、特に市場の話題になることはなかった。

桃介が根津嘉一郎、高倉藤平、野村徳七らとともに「売り成金」とはやされるのはガラ襲来で鈴久が倒れ、独眼竜将軍・半田庸太郎がつまずき、平沼延治郎横浜株式米穀取引所理事長や片野重久東京米穀商品取引所理事長が相次いで自殺するころだ。山一の始祖小池国三も勝ち組に数えられた。しかし、儲け頭は三井銀行で、池田成彬の売り作戦は見事に成功した。バブルのピーク近辺で処分したのだからその相場勘たるや、相場師顔負けである。

相場の儲けは心血注いだ金、利子・配当はアブク銭

福沢桃介が相場に打ち込んだのは日清戦争前後の病気療養中の1年余りと日露戦争時代の4年ほどで、通算しても5～6年の期間だが、「相場師」「山師」のレッテルは桃介のトレードマークとなって一生涯付きまとった。

桃介は「相場師」「山師」と呼ばれることを忌避しようとはしなかった。若い時は相場師として暴れ回り、財を成してからは実業界に転じ、「おれは相場師なんかじゃない」と居丈高に相場師を嫌う連中が多い中で、桃介は「相場師」「山師」と呼ばれようが、平気の平左であった。というよりも一種のカムフラージュに利用していたフシがある。伝記作家の大西理平が書いている。

「たとえば水利権の獲得や会社間の争覇戦に際し、もともと相場師たる彼は真剣にやっているのではないと、相手に軽く思わせ、虚をもって実に応じる技術に成功したことが何度もあったというのである。されど公平に差し引き計算すれば、このあだ名は結局、彼の一生にとって、利益よりもむしろ赤字に属する方が多かったことは争えない」(「福沢桃介翁伝」)

刻々変わる相場観

福沢は「ヒラメキの相場師」と呼ばれる。霊感というか、第六感によって売りから買いへ、ブル（強気）からベア（弱気）へ変幻自在に足場を変えながら、稲妻のような速さで勝負を急いだ。変わり身の速い相場師を「電光将軍」と呼ぶが、桃介は典型的な電光将軍であった。

明治末年の投機界で最も羽振りのよかった相場師に栗生武右衛門がいる。鎧橋のたもとに業界初の3階建ての豪奢な店舗を構えた山栗商店のオーナーでもあるが、その栗生が桃介についてこう語っている。

「あの時、福沢さんの活躍は実に大したもので、このくらい相場に利巧な人はいなかった。なぜ利巧だかというと、だれもが買い一方だったところへ、福沢さんだけは多く売りで成功された。これには私どもも感心した。福沢さんが売ったから、これはもうダメだというくらいでした」

相場師として当たりまくっていた当時、桃介の一挙一動は衆目を集めることとなる。群衆を避けるように、稲垣吉三と岩崎清七と桃介の3人は三十間堀の稲垣宅に集まって相場攻略の作戦を巡らせた。稲垣は北海道炭礦時代の後輩だが、相場道にかけては桃介の指南役であった。岩崎清七（後に東京商工会議所副会頭）は相場大好き人間で、桃介とはウマが合った。3人が知恵を絞って売買方針を決めるが、桃介だけはいつも勝つ。稲垣と岩崎は外れる。

岩崎「貴様はあれほど桃介と打ち合せをやっておきながら、どうしてこんなに取り残されてしまうのだ」

稲垣「そりゃ無理だよ。あいつはおれの家から歩いて5分もかからない所に住んでいながら、行ってみると、もうその間に意見が変わっているのだもの。あいつの通りやるには、四六時中、あいつの体に付き添って離れずにいなければならんよ」

これでは3人が集まって文殊の知恵を出し合っても、結果は三者三様、桃介の一人勝ちに終わるというのも、さもありなん。桃介は相場をビールの泡にたとえてこんなことを言っている。

「株の上がるのは、あたかもビールをコップに注ぐようなもので、注ぐと泡が盛り上がって高くなる。その泡の盛り上がったところが高値で、すぐ泡がなくなって水になるので、まだ泡が盛り上がらぬ水の間に買わねばならない」

大波、小波はよめても漣はよめない

まさに電光石火の相場師ならではのたとえ話である。相場の波動はしばしば波にたとえられる。2～3年周期でやってくる波は潮の干満で動かされる「大波」。2～3カ月周期で起る波は風によって起こる「小波」。2～3日周期で起こる変動は微風によって生ずる「漣《さざなみ》」。「大波」「小波」は潮流や風力、風向き等である程度測定可能でも、「漣」は測定不能とされる。そこで、桃介いわく。

「毎日変動する新東株の相場は、1日先はおろか、1分先でも予測することはできない」

桃介はその測定不可能な目先相場に向かって突き進み巨利を占める。だから三井閥の池田成彬が「あいつは天才相場師としか言いようがない」と舌を巻く。

桃介が日露バブル相場崩壊で巨利を占めた直後に著した「富の成功」(明治44年刊)は名著の誉れ高く、版元を変え、判型を変え、1世紀にわたって読み継がれているが、その神髄を抜き出してみよう。

投機は無上の楽しみ

「自分の頭脳を働かして、金を儲けていくことの愉快さは、予にとって無上に楽しいものだ。中で何が一番面白いかといわれると、予は明らかに相場だ、相場が第一だと答える。何故に相場が面白いか、理由は簡単である。投機だからだ。……相場は吾人が先天的に好愛する『変化』を最もよく金儲けに体現したものだ。一高一低波瀾極まりなき間に投じて、金を儲けていくことは、吾人の投機心を完全に満足せしむる」

そして有名な「利子、配当アブク銭論」を展開する。相場にかかわる人々を刮目《かつもく》させ、夢見心地に誘うくだりである。

「予は働いて金を儲けるのは愉快だが、働かずに儲けることは大嫌いだ。銀行に預けた金の利子、株券の配当、公債の利子、予にとってこれほどいやな金銭はない。予も株や公債を少しは持っているが、これの生んだ金銭は手に入ってもすぐ使いたくなる。予にとってこれらの金は本当のアブク銭だ」

そして神髄に入っていく。恐らくこの本は講演録をもとに編集されたものと思われ、満座の聴衆はわが耳を疑うに違いない。

「ところが、相場で儲けた金は、実に惜しくてたまらない。一銭といえども無駄にしたくない。これ実に、予が心血を注いで得た金だからだ。世間では相場で儲けた金をアブク銭という。予はまるで反対だ。社会万般の事相を細心に観察し、一会社一事業の状況に精密考慮を加え、一挙手一投足をおろそかにせず、そして勝ち得るのが、即ち相場で儲けた金だ。これ実際に自分自身でつくった金だ。利子、配当は、福沢桃介が馬鹿だろうが、間抜けだろうが、さしつかえない、金は向こうから来るのだ。これほど男らしくないことはない」

桃介が明治39年の大相場で巨利を占めるに当たっては紆余曲折があった。それは慶応義塾の先輩、朝吹英二から「もう相場はいいところまで来ているので、売り払って100万円の現金を手にしてみろ」と勧められ、思案の挙句、売ることにした。ところが、売ったあともなお上昇を続けるため、再び買い直すというどじを踏む。本人の口から聞いてみよう。

朝吹英二の忠告に迷う

「朝吹が私に向かって曰く。『去年馬車鉄道の株が暴騰した時分、友人の牟田口元学に向かって、金持ちになりたければ、馬車鉄株を売れ。売りさえすれば何十万という大金が儲かるではないかと勧めたが、おれはいくらになっても売らぬと威張っていたから牟田口はとうとう金持ちになれなかった。これに反して若尾逸平は高い時売ったから金持ちになった。株は相当のところで売らなければ駄目だ。桃介よ、お前の持っている株の価値は世間の評判では約100万円というが、これを一度現金にしたらどうか。慶應義塾の出身者で百万の富を成した人はまだいない。朋友の自慢にもなるからひとつ売らんか』と熱心に説得された」

当時、桃介は株取引については相当自信を持っていた。株価の先行きを見通す眼力では朝吹ごときに負けるものか、と自惚れていた時だから、朝吹に面と向かっては「ハイ、ハイ」と答えながら、腹の中では笑い、「冗談じゃない。これから大相場なのに、売ってたまるか」と買い方針を貫くつもりであった。

だが、夜、床の中で静かに考えると、朝吹の言葉が天使の声のように思われてきて、売却を決断する。桃介は各種持ち株を合わせて2万株、そっくり売ってしまった。この桃介の売りで東京株式取引所の先物相場は一時値下がりするありさまで、大量売りであったことを知ることができる。

桃介が売ってしまったあとでも、株価は騰勢を続ける。口惜しがる桃介。「朝吹の言葉は天使の声と思ったのは間違いで、あれは悪魔の声であった」と反省しきり。

そして、再び買い出動する。桃介がまず目をつけたのが北海道炭礦鉄道株。北炭株買いの根拠は大株主の雨宮敬次郎、田中平八（2代目）が盛んに売っているのをみて、先輩相場師たちにひと泡吹かしてやろうと男気をそそられたらしい。

初めは雨敬、田中に買い向かうつもりだったが、途中で北炭株の乗っ取りを考えるほど買いまくる。だが、余りにも値上がりが激しいので買占めの方針を転換、値ザヤ稼ぎの利食いに走る。さらにドテン売りに転じる。この辺りは「ヒラメキの桃介」の本領発揮で電光石火、臨機応変である。だが、年が改まっても相場は上昇を続け、追い証攻めに遭う。

桃介が後悔のほぞを噛み締めている時、思いもよらぬ援軍が現れる。桃介は語る。

幸運が重なり、大勝利

「天なるかな。大売り物が出現した。郵船株に向かっては三菱が売り出したのである。私はその瞬間、三井銀行の営業部長である池田成彬のところへ行って、三井は北炭と鐘紡を売りますが、売るなら現物で一手に買いましょうと威張った。後で池田は、どうして福沢はあんなに早く知ったろうとある人に語ったそうだ」

そして明治40年1月18日を境に歴史的瓦落が始まり、毎日、桃介のふところには追証が返ってくる。兜町の猛者連がそろって青菜に塩の状況下で桃介ひとり悦に入っていた。

このころ兜町の周辺でボス的存在の栗生武右衛門は、相場の先行きについて「基調は戻り売りに変わったとはいえ、一潟千里に下がるのではなく、上がったり下がったりしながら下がっていく。槍ヶ岳型ではなく、富士山型のなだらかな下げとなるはずだ」との見解を示し、多くの相場師もなだらかな富士の裾野を下るパターンを想定した。

だが、桃介は槍ヶ岳相場を見込んで売りっ放しだった。冒頭で栗生が桃介の相場振りに感服するのはこの時の売りっ放し戦術に対してであった。

諸株暴落で万々歳の桃介だが、一つ泣きどころを抱えていた。それは宝田石油株を大量に持ったままだったのだ。この大赤字の因果玉さえなければ桃介は完全勝利のはずが、宝田株の処分時を逸し、頭を痛めていた。それがどうだろう、3月になって、増資説が伝わるとにわかに急騰、損切りのはずが、利食いになるという幸運に恵まれた。つきも実力のうちというが、桃介は幸運に次ぐ幸運の到来で、歴史的勝利を果たすことができたのである。

転地療養のつれづれに相場を始める

福沢桃介が初めて相場を手掛けるのは日清戦争当時、明治27年（1894）暮れのことだ。当時北炭に勤務していたが、肺病を患い神奈川県大磯町で転地療養に入る。かつて肺結核は死に至る病と恐れられたが、これと言った治療法はなく、空気のきれいな浜辺などで安静にしているくらいなものであった。この時、療養のつれづれに株をやることを思い立った。

桃介は北炭に入社して3年ほどの間に3000円の貯金をこしらえていた。桃介は人も知るケチケチ主義で無駄が大きらいである。月給100円（現在なら50万円くらい）というから相当恵まれていたのは義父福沢諭吉の七光りによるものだろう。桃介は兜町の株式仲買・山県安兵衛に依頼して当時人気の出始めた鉄道株を買った。昔も今も素人は買いから入るが、桃介もご多聞にもれず、買いから入った。桃介は述懐する。

「ちょうど日清戦争の終わる時分であったから株式ははね上がる一方なので日露戦争と同じ、どんな馬鹿がやっても買えば必ず儲かる時代であった。私が株式を買うとすぐ値が上がって利鞘が取れる。相場などというものはわけないものだ。これでいけば、世の中は働く必要はない。何年病気して寝ておったとしても金に困ることがあるものか、と勇気が出てきた」

1年間で1000円が10万円に大化け

そして1年後、桃介は静岡県興津の海水楼で静養中のところへ、福沢諭吉が東海道の名所見物の途次、立ち寄った。体力も回復してきたので仕事復帰を考え始めていたところだった。そのことを諭吉に話すと賛成してくれた。そこで桃介は手持ち株を整理することにした。桃介は意外と執着心がない。変通自在と言われるゆえんでもある。

東京、大阪の仲買に電報を打って大阪鉄道株を処分した。清算すると約10万円の儲けである。1年内で1000円が10万円、100倍に化けた。今なら5000万円くらいの価値だが、たまたま買ったタイミングがよかったまでのことで、桃介の力で勝ち取ったものではなく、偶然の勝利である。そんなことは百も承知している桃介だが、このままやめてしまうことはできなかった。いったんは相場界から去るつもりで持ち株をすべて整理したものの、初心者が皆そうであるように相場の醍醐味を忘れかねていた。

そのころ株式市場では九州鉄道の仕手戦が衆目を集めていた。売り方は横浜きってのドル相場師今村清之助（１８４９～１９０２）で、買い方は三重県桑名の富豪諸戸清六（１８４６～１９０６）である。今村の背後には三菱が控えていて、実際は三菱の売りとみられる。諸戸が豪語した。

「三菱が売るだけ、おれが買う。あるだけ買ったところで20万株じゃないか。金持ちがこういう風に払い下げてくれれば、われわれ貧乏人が儲かるのだ」

翌29年、諸戸は一転売りに回った。売って、売って、売りまくった。ほぼ1年間にわたって売りまくり、国元に帰る時には証拠金として仲買店に預けてあった公債を売って、諸戸の儲けは１００万円とも、２００万円とも噂された。この時、兜町では「三菱のような金持ちが売る時は買いだ」という珍説、逆説が生まれた。そして三菱が山陽鉄道株を売りに出た時、兜町は一斉に買い向かった。桃介も買って出た。

三菱の売りに向かって大苦戦

「私も馬鹿の1人であって、三菱が山陽株を売る、ソレ買いと、われ人ともにヤンヤと買い向かった。株も社会一般のことと同じく大勢に順応するものは儲け、大勢に逆らうもんは損をする。九州鉄道の時は三菱が大勢に逆らい、諸戸は大勢にそった。山陽の時は三菱が大勢にそい、われわれは大勢に逆行した。それ故、その年（明治29年）の春より下落し始め、秋は暴落を告げた」

桃介は多少投げたが、反騰を信じて大部分は持ったままである。そんな時、諭吉が「家族をつれて山陽道へ漫遊することになった。桃介も一緒に行かんか」と桃介を旅行に誘った。

「父上、いま相場をやっていて一緒に参るわけにはいきません」とは言えない。そんなことを言えば、「馬鹿もの、全部手仕舞いして、相場から足を洗え」と一喝されるのは火を見るより明らかである。勝海舟によると、諭吉も若い時は随分相場を張ったらしいが、このころは相場から距離を置いていた。桃介は「よろしゅうございます」と同行することになる。

旅先で新聞を見ると、果たして相場は下がる一方である。帰京して持ち株を処分すると儲けは半分に目減りしていた。以来、桃介は小遣い稼ぎ程度の相場は張ることはあっても大きく身上を賭けるようなことはなかった。日露戦争景気まで約10年間は遊び程度の玉しか持たなかった。親しかった相場仲間に江川金右衛門という男がいて、日本橋横山町で小間物問屋を経営していたが、江川が相場で没落したことも、桃介を相場界から引き離す結果となる。

江川はなかなか相場巧者で、桃介が敗北した明治29年は売りで大当たり、翌30年には北炭を買い進んだ。この時は大物相場師、横山源太郎の北炭買占めにチョウチンをつけて大儲けするが、買占めがつぶれて江川も敗北を喫した。このとき、桃介は江川をこう諭した。

「江川君、私は一時は儲けたが、その後曲がって大分損をしたから、今は運命がないのだと思って相場をやめた。君は百戦百勝、今まで持続したのは非常な成功だ。今度初めてつまずいた。これは運命が君を見放したのだ。これで断然やめ給え。やめなければ君は没落するぞ」

だが、江川は桃介の忠告に耳を貸さなかった。江川は「相場はおれの腕で決まる。運命などとは関係ない」と言い張って、売った、買ったを続けた。そしてとうとう桃介の見立て通り没落してしまった。江川の落城を他山の石とし、福沢は相場界から遠ざかる。実際、明治30年から10年近くは、大きな相場はなく桃介は実にタイミングよく、相場師休業を宣言したことになる。

桃介は丸三商会という小さな貿易会社をこしらえて北海道の木材（枕木）を中国に輸出してひと儲けしようと企むが、見事に失敗、心労も重なって喀血、ブラブラ遊びの日々。だが、桃介の才覚を知る北炭の専務取締役、井上角五郎に拾われて、再び北炭の人となる。前に扱って失敗した枕木の商売が当たって北炭の収益に寄与した。

そして前述の明治40年初めのパニックで数多くの相場師が死屍累々の中、桃介は凱旋将軍のように引き揚げる。この時の儲けはざっと250万円に達した。明治40年春、桃介は京都、吉野に遊び、大阪にいた松永安左エ門を誘うと、高野山に登る。松永は折から敗者の列に並び、追証攻めに苦しんでいる最中だった。やがて高野山の有名な極楽橋に差しかかる。

昔からこの橋を渡るといかなる罪人も追及を免れると言い伝えられている。松永も「もうここまで来れば追証も恐ろしくないぞ」と元気を取り戻したとか。

株式界で「飛将軍」と呼ばれるようになると、桃介のひねくれ根性がうごめき出し、「事業経営だってできるぞ」と動く。親友の岩崎清七と帝国人造肥料会社を設立することになる。

馬越恭平たちと新会社設立

三井物産の馬越恭平（後にビール王と称される）、根津嘉一郎（根津財閥の創始者、東京米穀商品取引所理事長）も加わって会社作りが始まる。ちょうど横浜でも若尾幾造（若尾財閥の2代目、横浜蚕糸外五品取引所理事長）、安部幸兵衛（砂糖商）、平沼延治郎（横浜株式米穀取引所理事長）、鈴木三郎助（味の素株式会社創設）らが集まって同様の肥料会社を立ち上げようとしていた。

そこで馬越を委員長に押し立て連合して株式公募の広告を打った。発起人に今をときめく成金連中がずらり顔を並べたため、応募者が殺到、百何十倍という人気を博した。こうなると、1株12円50銭の払い込みに対し、30円から40円、50円といった権利金がつき、結局、資本金3００万円の大会社が誕生する。

こうなると、既存の株価に割安観が出て買い人気が強まる。

「桃介氏を初めチャキチャキの成金連中は広く名が知られているだけに、そこからもここからも引っ張りだこで、発起人に名を出してくれと勧められる。毎日、5、6人集まって昼食を食べると、早くも一つの会社の創立がまとまる。2、3日して新聞に広告が出ると、何倍もの申込み超過となり、権利金付きで飛ぶように買っていかれてしまう。泡沫会社の狂熱は遂に翌40年春の諸株暴落まで続いて、無数の破産と悲劇を演じた一方、さしもの成金連中も槿花一朝の夢破れて、倫落の渕に消えたものが十の七、八である」（大西理平著「福沢桃介翁伝」）

この肥料会社の場合もバブル景気が弾けるとひとたまりもない。渋沢栄一の大日本人造肥料に合併されて一巻の終わり。それでも桃介には被害は生じなかった。それというのが、先行きに怪しい雲行きを見て取った桃介はいつでも権利株を売り放ってもいいことを条件に発起人に名をつらねていたという。さすがに抜け目がない。

そして友人から株がほしいと言われた時、「売る積もりなら分けてあげるが、この会社の事業の前途には責任を持たないよ」と念を押してから分けてやった。「早逃げの桃介」といわれるゆえんである。これは天性のもののようだ。「福沢桃介翁伝」には「早逃げの妙」の項があって、こう述べている。

「退却か、早逃げか、いずれにしても桃介氏が物事にこだわらず、微塵の執着なしにさっさと変通自在に出る特長は、彼をして相場に成功せしめ、なかでも最後の引き上げに掉尾《とうび》の大収穫を得させたものである」

別口座開設で人助け　名古屋の発展に寄与

福沢桃介はエピソードにはこと欠かない男である。数多い挿話の中から相場にかかわる部分を抄録すると……。

桃介が岡山県で鉱山を買収し、相場師から山師へ転身したころだから、明治40年5月ころのことだろうか。神戸に辰見イト子という芸者がいて、以前三井閥の重鎮早川千吉郎専務理事と関係があった。別れる時1000円（現在なら500万円くらい）もらった。

桃介はイト子を誘って岡山へ一緒に出掛けることになった。神戸駅に着くと1人の老婆と連れ立って待っていた。どうやらイト子の母親のようである。老婆を帰し、桃介とイト子は岡山県下を周遊し、別れ際にイト子に100円渡し、一筆書かせた。この辺りが桃介流で常人にはなかなかできないことだ。

「このたび100円を頂戴しました。以後一切お強請《ねだ》りはいたしません」というものだが、老婆が豪の者で「福沢さん、100円でそれっきりとはひどいじゃありませんか」と食いついてきた。

桃介「ひどいといわれても、ちゃんと一札書いてあるじゃないか」

老婆「冗談でしょう」

桃介「嘘と思うなら本人に聞いてみて下さい」

老婆はすごすごと引き揚げることになるが、桃介の佛心がもたげてくる。イト子から母がよく株で損をする話を聞かされていた桃介が助け舟を出した。

「お前さんたちが株で儲けられるもんじゃない。おれが一つ儲けてやろう」

そのころ桃介は以前のように大掛かりな思惑は張ってはいなかったが、「神戸別口」という口座を設けて得意の鐘紡株20株を買い建てた。

「2～3年を経たところ、鐘紡を売りに出した時、『神戸別口』の方も一緒に処分したところ、3000円ばかりの利益になっている。そのまま神戸に送ってやると欲深い老婆は、天から降ったか、地から湧いたか、飛び立つ思いで御礼を百万編も繰り返し、その後も時折の消息に『御恩は忘れません』と申し添えてある」(『福沢桃介翁伝』)

「別口」口座で人助けして桃介は鼻高々だが、「株成金」桃介の名が高まるにつれ、見ず知らずのファンから資金が送られてきてくるようになる。島根県の吉村金作という人からの手紙には70円の為替に添えてこう書いてある。

信者のためにはひと肌脱ぐ

「私は銀行の小使いをして辛苦のうちに貯めたお金が70円になりました。これを貴方様にお任せしますから、どうか相場で増やして下さい」

自分を信頼して虎の子の70円を一任してくれたことのうれしさに桃介はひと肌脱

ぐ。今度は「島根別口」の口座を開設、株投資の結果、70円が800円に大化けした。桃介は吉村金作に手紙とともに800円を送ってやった。

「先年、貴下の70円をお預かりして、株式に入れておいたのが、800円になりました。せめて1000円にしてお送りしたいと思うが、物事は満つれば欠ける例もある。ここで切り上げてお送りするから、大切に増やしていきなさい」

切りのよいところで、1000円になったら送ってやろうとねばっていると失敗した可能性がある。思い切りの良さが桃介の身上だ。

吉村金作は大喜びで、「神様、仏様、桃介様」である。また地方のあるお寺の住職から、やはり運用依頼の送金があった。桃介は例の「別口座」で株売買をやっていたが、住職の方から「早く儲けさせてくれ」といった趣旨の手紙が来たから、断然、運用を中止、少し利息をつけて送り返してしまった。相手の態度一つで手のひらを返すのも桃介らしい。

日露戦後の泡沫会社が続出した時代、桃介は頼まれて発起人に名を連ねることがよくあった。桃介の名が全国に広まり、桃介ファンが株を買うのを狙って会社側は桃介の名を欲しがるようになる。城戸炭坑の場合、操業にも至らず瓦解、桃介も打撃を受けるが、投資家も丸損である。桃介自身、こうした例を何度か経験済みだが、そのつど自身に言い聞かせてきた。

「どうせ世の中の目明きが欲一遍で株を持つのだから、たとい会社が潰れて株主が損したとて構うものか。おれの知ったことではない」と「自己責任論」で押し通してきた。だが、この城戸炭坑のある投資家から手紙をもらって桃介は宗旨替えを決意する。

栃木県の桃介ファンから届いた手紙の主は「粒々辛苦してこしらえた金を挙げてこの会社の株に投資して100株持ったのは発起人に『福沢桃介』の名があったからです。貴方を信用したためです。だからといって弁償して下さいとは申しませんが、大変苦境に陥ってます」と、切々と訴えていた。

世の目明きが損したからといって自業自得、われ関せず、と開き直ってきた桃介だが、今度のように盲目的に桃介の名を信じて破産した出資者に対し、盲目を欺く殺生の罪は恐しい」と悟ったのである。そしてこう手紙を書いた。

「貴方も僕もともに損した仲間である。しかし、貴方は僕の名を信用して出資したものの、詰まりは欲のためで、貴方にも責任はある。すなわち五分、五分であるから、貴方の損の半分を私が払いましょう」

先方が泣いて喜んだのはいうまでもない。そして、桃介は以後、発起人に名を出すのをやめてしまった。

桃介におびえる経営陣

日露戦争景気の暴騰相場を象徴するのが鈴久とすれば、バブル崩壊で勝ち頭は桃介であった。鈴久の全盛期には桂太郎公までが「鈴久は人傑だ」とほめそやした。鈴久が一番熱心に株集めをやったのは鐘紡株で、経営陣を総退陣させたことは前述した通りだが、バブルが弾けて鐘紡株を投げ出し、武藤山治はじめ経営陣が復帰し始めると、今度は桃介が鐘紡株を買い始めた。武藤たちとすれば「前門の虎が憤死してほっとしたと思ったら後門から狼が現れた」と心配しきりであった。だが、桃介に乗っ取りの野心があるわけではなく、ある程度値ザヤを稼ぎ出せば、処分すると分かると武藤もようやく安堵した。

帝国生命も大株主になった桃介に乗っ取られるのではないか、とおびえたものである。社長の福原有信から桃介に丁重な買い取りの申し出があり、桃介は売却に応じ、相当な儲けとなった。それだけ桃介の名が広く浸透し、恐れられる存在であった。

「鐘紡株といい、帝国生命株といい、鈴久といい、桃介といい、風雲の去来激しい時代に物騒な相手として、風声鶴唳《ふうせいかくれい》（風の音と鶴の鳴き声。転じてわずかな物音にもこわがること）の思いで恐怖の標的視されたものである（『福沢桃介翁伝』）

桃介は後年、この鐘紡株と帝国生命株の売却を失敗だったと振り返っている。じっと持ち続けていれば、より大きい身代を築いていたことだろうと口惜しがったが、桃介らしくない。

桃介の相場上手はあまねく認めるところだが、売買の根拠について本人は「不思議な暗示のようなものが働く」と語っている。特に理屈があるわけではなく、偶然の出来事に基づくことが多い。桃介は「相場は、2×2＝4とはならない。2×2＝5となるのが相場だ」という。

「たとえば天気が悪いとだれもが不快感を覚え、株でも売りたくなるから相場は下がる。晴れた日には皆浮き立つ思いで、買い出動してみたくなる。従って株価は上がるという心理状態に支配される。さらに朝出掛けに帽子が落ちたとか、下駄が脱げたとか、六本木の交差点で自動車が渋滞したとか、そんなことまで売買の手口を左右する」（同）

新聞社の編集局から出入り禁止

勝負師はよく縁起を担ぐが、桃介はひと一倍縁起にこだわった形跡がある。半面で、早耳情報を漁ったこともある。幅広い交友網を利用して、新聞社の編集局に飛び込んで欧州大戦の戦況をひとより早くキャッチし、大儲けした。その話が広がると、新聞社の編集局から出入り禁止を食ったなどという噂が流れた。早耳を鵜の目鷹の目で追っかけていた桃介がある時から早耳情報には耳を貸さず、むしろ忌避するようになる。

晩年には、早耳をやらないことを相場に勝つための第1章に据えるのだから、相場はなんとも御し難く、やっかいである。

桃介が名古屋経済界とかかわりを持つのは明治42年のことで、名古屋電燈（現中部電力）の株を5390株持ったのが端緒になる。翌43年1月には取締役、同年5月には常務となり持ち株も1万20株に増強する。

紆余曲折を経て大正3年には社長、この間、愛知電鉄社長にも就任、中京財界の重鎮にのし上がっていく。名古屋は古来、保守的で蓄財、節約に対する執着の強い土地柄である。東京で山師、相場師と呼ばれたガラの悪い経済人に対して風当たりが強かった。しかし、微々たる地方企業だった名古屋電燈を拡張に次ぐ拡張で、天下の大会社に育て上げた桃介の功績は高く評価される。伝記作家は桃介を名古屋発展の恩人と持ち上げこう記している。
「明治40年ころには全国で6、7位に過ぎなかった名古屋市が、わずか十余年間に一躍大阪に次ぐ、全国3位の大都市となり、中京の名声は上がった。金沢や広島と大して変わらなかった旧名古屋市の再生、更新した結果とは、ただ驚く外なしである。桃介氏が名古屋電燈を提げて卓励風発、巧みに世界大戦の新気運に乗じて、活躍した直接、間接の影響も少なくない」

女優貞奴と浮き名流す

桃介を語る場合、どうしても欠かせない人に川上貞奴※がいる。

※川上貞奴　女優、本名小熊貞。芳町の芸者置屋「濱田屋」で「小奴」の名で雛妓《おしゃく》としてお座敷に出て、17歳の時、2代目「奴」と改名、美人のきこえ高く、特に目が魅力的で「目千両」と呼ばれた。川上音二郎と結婚、欧米を巡業した最初の女優。帝国女優養成所、川上児童劇団を創設。（1871～1946）

貞奴は芸者のころは芳町切っての名妓と謳われたが、女優に転じ欧米にその名声を馳せ音二郎亡き後は幼なじみの桃介と浮き名を流す。名女優と株成金の取り合わせは、嫉妬と羨望の眼差しを浴びながら一世を風靡した。また貞奴は女相場師としても名を上げたが、桃介が得意の「別口座」で儲けさせてやったのではないようだ。桃介のアドバイスはあっただろうが、貞奴は自己責任において張っていた。

昭和13年2月、桃介は70歳を一期に巨万の富を残して他界した。妹で歌人の杉浦翠子は兄桃介を悼む歌を詠んだ。

「生まれし日の無にまた復《かえ》る無の世界　築きし富も用なくなりぬ」

財界屈指のイケメン桃介の葬儀の席には桃介から情けを受けた3人の女性が同席した。その1人は女優貞奴であったはずだ。翠子が詠んでいる。

「寝台より棺に移すはをみなの手　君が情けを受けたる三人」

桃介の墓は都立多磨霊園にある。

乾 新兵衛（1862〜1934）

これぞ、天下の金貸し

かつて横浜の平沼専蔵、大阪の木村権右衛門、神戸の乾新兵衛を束ねて三大金貸しと称した時期がある。平沼や木村が陰にこもり勝ちなのに対し、乾は陽性である。大正15年、政友会総裁田中義一（後に首相）に300万円という巨額の融資をしたことで、乾の名が全国に広がった。今の価値に直すと優に50億円を超すだろう。

大阪毎日新聞記者だった佐藤善郎が「株屋町五十年と算盤哲学」の中で興味深いエピソードを書いている。第一回融資分として50万円を受渡しする件、兵庫の常盤花壇の一室。田中大将の使者2人と乾、番頭の4人が揃った。新兵衛は風呂敷包みをずしりと使者の前に差し出した。

新兵衛「ではお約束の第一回分50万円、どうぞお受け取り下され」

使者「じゃ、失礼ながら中身を調べさせていただく」

2人の使者は何回数え直しても30万円しかないので首をかしげる。

使者「乾さん。30万円しかありませんな」
新兵衛「そうだす」
使者「50万円というお約束じゃが」
新兵衛「そやよってそうなりますのや。日歩10銭で期限が一年、50万円で18万2500円の利子になりますやろ。私どもではすべて利子は前払いとの決めだすからな」
使者「それにしてもまだ1万7500円不足しているようで」
新兵衛「ご冗談を。それは手数料やがな」
多少誇張があるにせよ、新兵衛の神髄を垣間見せる挿話に思える。新兵衛は日ごろ周りの者に語る金貸し哲学がある。
「おれは50円、100円のはした金を貸すのは大嫌いや。世間には貧乏人にわずかの金を貸して置いて取り戻すことができんと、せんべい布団までひったくって帰りよる金貸しがおるが、おれにはそないなことはできへん。主に事業家に借りてもらうのや。事業家はこの金でまた儲けがとれるんやさかい、いわば純然たる社会奉仕や。金を貸すものがあるから事業ができるのやないか。なんぼ偉そうにいうたかて、金がなかったらあかへん」（実業之世界社編「財界物故傑物伝」）

日露戦争の海運活況で大儲け

かつて船成金といえば欧州大戦下の狂乱物価で奇利を博した山本唯三郎、内田信也、山下亀三郎、勝田銀次郎らがよく知られているが、乾はその10年前、日露戦争景気で大儲けした。

日露の雲行きが険悪になった明治35年（1902）、乾はイギリス製の4000トン級のボロ船を買い込んだ。世間では「あんなボロ船を買ってどうするつもりだろう」と、いぶかった。だが、乾は笑い物にされても一向に頓着しない。造船所に持ち込んでひと通り修繕し、「第一乾坤丸《けんこん》」と命名した。

乾家は代々清酒の醸造業を営み、銘柄が「乾坤」だったので、それに従ったまでだが、肚の底では乾坤一擲の大勝負を狙っていたのかも知れない。日本郵船にいた機関長をスカウトして、近海を巡航していたところへ、突如日露開戦で船腹不足が露呈、海運界は大賑わいとなる。汽船と名さえつけばどんな汽船でも引っ張りだこ、第一乾坤丸もめきめき価値を上げる。

この時、乾は勝負手を放った。伝記には必ず登場する件である。

「彼は乾坤丸を香港航路に向ける計画を巡らし、積み荷を契約してしまったが、何分にもボロ船のこととて乗組員が香港航路を危険視して彼の命令を聞かず、下船してしまった。さすがの彼もこれには困ってしまい、仕方がないので命知らずの船員をかき集めて、船名通りに乾坤一擲の冒険を試みた。これがうまく当たって予想以上の大金を儲けた」

荷主と契約を済ませた後で乗員たちに香港行きを命じ、さすがの海の男たちもこのボロ船と心中するのはご免こうむると、乗船拒否に出た時は剛腹な乾も弱ったとみえる。生まれて初めて、荷主に頭を下げて出航を猶予してもらい、鉦太鼓《かねたいこ》で命知らずの蛮勇船長を探し出した。

乾は後年、当時の心境を述懐している。

「万一のことがあったら遺族のことは私が全部引受けて生計の立つように世話をするという契約も結んだのやが、いざ船出という際、私のために勇敢に香港行きを承諾してくれた船長が妻や子と水盃を取り交すのを見た時は何ともいえぬ悲壮な感じに胸が迫って、ほんとに私も男泣きに泣かされましたよ」

この時の大儲けで味をしめた乾は、ボロ船を値切りに値切って次々と買い込んでいった。「金貸しもボロいが、船もボロい」とすっかり船舶熱に冒され、持ち船を増やし、第二、第三乾坤丸はおろか、十数隻の乾坤丸を所有し、「わしは金貸しやないぜ、船舶業者や。これからは金貸しというてもらいますまい」と船に入れ込み、明治40年までの5年間で約1000万円儲けた。欧州大戦の勃発でまた大儲けのチャンスが来るが、その前に出生からの足跡をたどっておこう。

なんと果報な乾家婿入り

乾新兵衛は文久2年（1862）、八部郡北野村（今の神戸市生田区山本通2丁目）の小売酒屋（一説には農家）、前田甚兵衛の長男に生まれた。幼名は鹿蔵。10歳の時、兵庫港町の酒造家乾新兵衛のところで丁稚となる。乾家は代々清酒醸造業を営み手広く商売をし、資産も相当にあった。

「鹿蔵は毎日樽拾いに回ってよく立ち働くので、主家の褒め者となり、その将来を期待されるようになった。しかるに折角大切にされながら、2年ばかり奉公した後に、何を不足に思ったのか、彼は暇をもらって主家を飛び出してしまった。それからは明治初頭の巨商として有名な小野組や島田組に転々として勤め、彼の一生の目的とする金融業の実地を経験し、その二つを会得した」（『財界物故傑物伝』）

そして、明治16年初め、鹿蔵は10年振りに乾家に舞い戻ってきた。ひと通り世間を見て回って、元の古巣が恋しくなって帰った時、乾家の主人は他界、代替わりしていた。新兵衛には実子がなかったため、およそという娘を養女とし、新太郎という婿をとって、夫婦養子にしていた。ところが、新太郎が急逝、鹿蔵が采配をふるうことになる。

「ここで彼の生涯を転回させるような事件が起こった。つまり故新太郎の未亡人およその腹がだんだんと膨れ出してきたのである。というわけで、ずるずるべったりに鹿蔵が入婿となったらしい。後年の新兵衛さんからは想像もできないことだが、そうした人間味もあった」（赤松啓介著「神戸財界開拓者伝」）

約50万円（現在ならざっと20億円）の資産と若い未亡人をそっくりそのままわがものとし、周囲からは「なんという果報者！」と羨望の眼差しでみられたものだ。やがて第3代乾新兵衛を名乗るが、酒造業をやめ、金貸し業に乗り出していく。長い流浪生活の間に金貸しがボロい商売だと感じ取っていたのだった。金貸し業で蓄積していった財産が大きく膨らむのが前述の日露戦争の海運ブームを見事に的中させた時だ。

金貸し業の歩みは着実平坦だが、海運業は起伏に富む。新兵衛は語る。

「私は金融が本業やが、今日の財産をこしらえるには船舶業にあずかって大なりとでもいいますのやろな。船では相当に儲けたつもりだす」

日露戦争が終わって10年経った大正3年、欧州大戦が勃発、海運界は未曾有の活況を呈し、郵船、商船はもとより、二流、三流どころも儲けに儲けた。船成金が続出するが、乾の場合、日露戦争時に巨大な資産を築いており、歩兵が金将に出世する意味での成金とはいえないだろう。強いていえば、飛車が竜（成り飛車）になって、手のつけられない強さで暴れ回る図か。

休戦見込み、船舶売却

欧州大戦中、乾の持ち船は総計3万5000トンに達した。いずれも買いたたいたボロ船を修繕し、目一杯稼がせるやり方には変わりはないが、今度はまだ大戦中の大正7年、持ち船の大半を高値で売り放ってしまった。多くの船成金は、まだまだこれから一儲けと力こぶを入れている時、乾は「世界大戦の山は見えた」と手仕舞いに踏み切った。果たして、休戦となり、船価は暴落に次ぐ暴落で、乾の海運相場観は見事に的中した。

「船成金連中がまだまだと夢中になっている最中に、こうあっさり見切りをつけたのは、ちょっと異様に感じられぬでもないが、長年金貸し業者として人心の機微、世相の転変に独特の洞察眼を養った彼の頭の働きが、どれほど俊敏であり、先鋭で

あるかをうかがえる資料になろう」(佐藤善郎)

5000万円(今なら1000億円見当か)をわしづかみにすると、さっさと海運界に別れを告げるが、全く足を洗ったわけではない。昭和の初めには持ち船がまた2万5600トンに増えている。船成金が没落して手放した船を安値で買戻しにかかった結果だ。

乾は船舶に保険をかけたことがない。乾を船の世界に誘った船舶ブローカーの佐藤勇太郎に「船に保険をつけないなんて、そんな無謀な話があるか」と忠告された時、言下にその忠告をしりぞけた。

「私は商売は命のやり取りやと心得とります。命が惜しいさかい、私は船長の人選にはできるだけ注意を払う。そしていったん、この人ならと採用した以上、私は私の命そのものをその船長に託しますのや。そこで船長と私の気持ちがピタリと合う。仕事も真剣にいきます。……保険なんて人様の金を頼りにするような卑屈な考えが持てますか」

リスクをヘッジしない男

乾新兵衛はリスク・ヘッジ(保険つなぎ)を真っ向から否定する。全身全霊でリスクを背負い、勝負する。まさに投機家そのものの人生だった。金貸し兼海運業者として乾の資産は昭和に入っても増殖が止まらない。昭和5年1月1日現在の「全国金満家大番付」を見ると、資産5000万円で岩崎、住友、三井、安田など大財閥の面々に次いで堂々東の前頭8枚目に位置している。

また、多額納税者ランキングでは、30万389円で住友吉左衛門に次いで兵庫県第2位。大阪にもってくれば、鴻池善右衛門や阿部彦太郎など名だたる豪商をはるかにしのいでダントツの首位になる。また東京にもってきても三井、岩崎一族、大倉に次いで第10位だから、日本の超富豪の一角を占める。それでいて生活は質素を極めた。佐藤記者が書いている。

「彼の事務所は扇風機一つ備えつけてない。狭苦しい部屋が全部で4間、その4間に電燈はたった一つ。紐だけ長くして、どの部屋へも自由に持ち運びできるという始末さであった。それのみか、抵当流れか何かで手に入れた自家用自動車は持っていても、運転手を待たせておく間の不経済を考えろ、と鼎一（長男）さんの自動車をやり繰って使う深謀遠慮である」

茶屋遊びは嫌い、これという趣味もなく、広い邸宅でソロバンをぱちぱち弾いている時が至福の時だったという。

市場見聞（二十五日）

東京株式市場

◉諸株更に崩落

御重態を恐懼す

前日来天候の陰冷勝ちなるより人氣聊か軟弱となつて新規買は見合はされ軟派の賣物加はりて諸株の低落を告げたる氣先今朝の天候は稍々回復摸様を呈したれども聖上陛下御容態の再び御不良なりと言ふに市場は甚だしく恐懼し買方の投げ及び新規の賣物輻輳して先づ東武鐵道の三圓安より郵船の二圓三十圓安を告げ紡績毛織東株も皆二三圓方の崩落を演じて場面は頗る不勢となれり而して後場は天候の晴れ來れると御容態の又聊か御佳良なりとの報ありたるに人氣多少落付きたれども御病状の御容易に御安堵申し上ぐる能はざるより衍鈍状を免れざりき

明治天皇の御重態で諸株崩落
（明治45年7月26日付 中外商業新報）

小島 文次郎（生没年不詳）
一世一代のツケロ買い

兜町の歴史を東京株式取引所が創設された明治11年（1878）から起算すると、今年で141年になる。兜町の興亡史は数多いが、どの本にも必ずといっていいほど、「ツケロ買いの文次郎」の章が設けられている。「ツケロ買い」という市場用語は死語になりかかっているが、文次郎は不滅である。

「ツケロ買い」とは、取引所で相手が売りたいだけ、いくらでも買うというもので、「成り行き買い」の極端なケースである。「ツケロ」の由来は、市場で大手の買い方が相手方に「いくらでも付けろ」と叫んだことによる。「ツケロ買い」の反対が「ツケロ売り」。

さて、文次郎こと小島文次郎は、五一商店（店主は堀川忠三郎）の支配人格だが、背丈が五尺一寸（154・5センチ）と短躯で、身長にちなんで屋号を「五一」と称した。たった一日の奇怪な行動でいつまでも語り継がれるが、それは明治45年（1912）7月20日のことだ。

この日、明治天皇の病状が重篤と伝えられると諸株は一斉に急落、中でも日本郵船株の値下がりが際立った。郵船は当時、皇室銘柄と呼ばれ、皇室の持ち株が多いことで知られていたが、天皇の容体悪化で郵船株の売りが目立った。

桃介一派が郵船株売りまくる

7月21日付東京朝日新聞は「株式暴落の光景、聖上陛下の御重患、株式界の恐怖狼狽」と題し、市場の混乱振りを報じた。どうやらヒラメキの天才相場師福沢桃介とその追従者が売りまくったようだ。

「福沢その他二、三手筋の売り物は次第に多く、郵船の直《ぢき》は2円台に叩かれ、何となく変調を認めたるも、11時過ぎに至り直市場の光景は漸く急調を帯び来り、瞬間に220円台を破るに至り、その原因の何たるかを知らざる市場は恐怖狼狽《ろうばい》し、あるいは桂太郎公暗殺に遭えるに非ずやと言い、あるいは外交上重大なる問題の起れるに非ずやと言い、あるいは又、陛下の御重患を知れるものも妄《みだ》りに口外することを憚《はばか》りて市場は流言蜚語《ひご》こもごも至り……号外によって陛下御重態の知れ渡るや市況はさらに惨憺たる光景をもって気配奔落、郵船直取引は実に12円50銭の安値あり」

引用文中の「直」とは2日以内に受渡しする短期決済取引で、後に短期取引（7日以内に決済）に改められるが、少ない証拠金で売買できるため人気があった。

諸株一斉安の中で郵船が定期取引（3カ月先物）こそ4円安にとどまったが、直取引が12円安と大暴落した理由を朝日新聞はこう分析している。

「郵船株に多数の買い建てを有する福沢一派が陛下御不例（病気）の早耳から率先して売り、多数の買い玉を投げ退くと共にさらに多数の売り越しをなすに至ると、客も玄人も各定期の買いを郵船直（取引）に売り抜けんとするに至りたるためにて……」

福沢桃介一派の大量売りにチョウチンがついて郵船株が暴落したが、この時、一人の場立を引きつれて立会場に現れ、猛然と買いまくったのが文次郎であった。兜町の生き字引と称された南波礼吉が自伝「株界生活六十年」の中で書いている。

「五一」の文次郎ツケロ買い

「郵船株は、他の株式が落ち着いていたにも拘らず、売り物がさらにかさんで低落し、１０４円10銭の安値をさえつけた。この時、事態の不謹慎に憤慨して市場に駆けつけ、郵船株の売り物の真っただ中に立って成行き買いを宣した勇敢な小男があった。その男が市場へ飛び込んで買いの手を振り出すと、応と売り方は一斉に浴せて来るので、彼としては一々それ等と手合せしておる暇がなかった。彼はいきなり、市場の売り物は一切引き受けて買ってしまうという、いわゆるツケロ買いの挙に出たのである」

文次郎のツケロ買いにぶつけてきた売り物は実に2万数千株に達した。翌日は売買双方とも取引所に証拠金を納めなければならない。売り方は悠々と証拠金を納めた。売り方はこう判断した。文次郎はとても莫大な証拠金を調達できるはずがないから、市場で買い玉を投げ、相場は一段と下がるとみた。売り屋は文次郎の投げを楽しみに文次郎の挙動を見守った。

取引所から証拠金納入を催促された文次郎は、東株の角田真平理事長代理を訪ねて居直った。

「おれの買い玉は意外に多くなった。こんなに多くなるとは思いもよらなかった。証拠金を一時に調達することはできかねるから、しばらく猶予してもらいたい」

これには角田も頭を抱えた。剛腹で鳴る理事長の郷誠之助に相談すれば「とんでもない。すぐに違約処分にしろ」と言い出しかねない。違約はそっくり取引所の損失になるし、天皇重篤の最中に違約騒動は避けたい、穏便に事を収めたいと願う角田は東株仲買人組合仲裁委員長の伊藤幹一や同委員長代理の村上太三郎などと秘密裏に鳩首会談を重ねるが、妙案は浮かばない。取引所幹部の困惑をよそに文次郎はまるで志士気取りで能弁をふるった。生形要著「兜町百年」から引用する——。

「いやしくも皇室は海運振興のおぼしめしで4万株の郵船株をお持ちになっている。それを陛下のご病気を材料にして売り、利益を図るなどはもってのほかだ。特に陛下のご病気の際、不謹慎にも、皇室の持ち株が今にも売り出されるように宣伝して、これを売り崩そうとするが如きは、国賊に等しい行為である。しかるに取引所は、それに何等の制裁を加えようともせず、看過しているのは理事長代理として怠慢の誹《そしり》を免れないではないか。そのうえ、日本の海運を代表している日本郵船株が一気に20円から急落することは国際信用の点からみても、面白くない。おれがツケロ買いをやったのは、何も、買い付けて儲けようというのではない。もし取引所が証拠金不納を理由に五一を違約処分に付すなら、甘んじて直ちに廃業しよう。しかし、廃業の理由を天下に発表して、その理非曲直を明らかにするため、社会の公正な判断を期待する」

北浜から堂島にかけて投機街の大立物、高倉藤平の懐刀といわれた文次郎だけに、これくらいの長広舌は朝飯前だろう。現代人からみれば、なんと盗人猛々しい言い分だし、〝おためごかし〟に映るに違いない。だが、皇室に対する庶民感情は今日とは大いに異なる。当時の新聞を見ると、皇居前広場には天皇の平癒を願って老若男女が土下座しているような状況で、当時の皇室の存在はまさに雲の上であった。文次郎の言い分に世論は味方しそうである。

結局、角田理事長代理をはじめ取引所役員たちが文次郎に譲った形で事を収めた。それは重役が個人の形で文次郎の証拠金を立て替えるという超法規的な措置であった。だから「東京株式取引所五十年史」はこの件は素通りしている。

「明治天皇御大患に悩ませらるるの報あり。憂色、市場に満ち、人気消沈して、連日小往来を繰り返すのみなりき。七月三十日、天皇は遂に崩御あらせられ、翌八月二日の新甫発会市場の成り行きは一段に気遣われたるが、案外、強含みの商状を呈したり」

文次郎の義侠心が巨利を呼ぶ

文次郎はどこまでも運の強い男である。取引所の重役たちが証拠金を一時立て替えることになったことは部外者には極秘事項であるが、「五一」には大きな金融機関がついたらしい」との噂が広がると、郵船株は急反騰に転じる。売り方と買い方は攻守ところを変え、売り方の踏まされる番となる。文次郎は大きな利食いを満喫するに至る。

この局面を当時のマスコミは「不敬の天罰はテキ面」とし、文次郎の肩を持ち、桃介一派を不敬の罰と笑った。

「相場は驚くべき反動高となり、暴落前の相場を上回るようになった。小島はこの機を外さず、手にある玉を売って数十万円の利益を収めた。かくて郵船のツケロ買いは、五尺一寸に名を成さしめたが、これというのも、供すべからざる材料を、材料とせる不敬の天罰である」（狩野雅郎著「買占物語」）

金万証券社長の南波礼吉が語っているが、利欲にのみ眼が眩《くら》み、金以外には耳を貸さないといわれた相場街にあっても、前出の文次郎の主張には反論できない空気が充満していたらしい。天皇のご病気中は、売買も手控えようという暗黙の了解が相場師たちの間に広がっていたようだ。それにしても、文次郎の名は九天に駆け上がる勢いだった。

「寸足らずの小男ではあったが、ひとたび智慧と度胸を必要とすることともならば、どこからそんなものが飛び出して来るか、と思われるほどである」（「株界生活六十年」)

ところで、文次郎が支配人をつとめる五一商店の店主、堀川忠三郎とはいかなる人物か。もとは北浜市場で鳴らし、高倉藤平親分のもとで腕を磨いていたというから、小島文次郎にとっては高倉門下の兄貴分に当たる。名古屋の伊勢町周辺で売った、買ったをやっていた時、高野登山鉄道株の買占めなどで名を知られるようになるが、兜町に出てきてからは期待されるほどの働きはしていない。それでも後に東株の仲買人組合副委員長を務めるほどだからタダ者ではない。

堀川は文次郎にも説いたであろう自らの相場哲学をこう語っている。

「古来、名将といわれるほどの者は必ず第二段から第三段の戦術を用いたもので、一旦資力相応に玉を増やして転換場とみる八合目まで一貫するのです。そうして、一旦休戦したなら冷静に返りますから、そこでまたおもむろに考え直します。神様でない限り狙い打ちは難かしい。だれでも高くなれば買い、安くなれば売りたくなるものです」

文次郎の名は北浜興亡史にも必ず登場する。それは、明治43年、高倉藤平が堂島米穀取引所株を買占めて理事長のポストを狙った時、参謀として大役をつとめ、親分の宿願を果たす立て役者となるからだ。「北浜盛衰記」の著者、松永定一は、同年4月10日、天王寺真法院町の高倉本邸で文次郎と作戦を練る件を次のように描いている。
小島「また売り方から小包がまいりました」
高倉「しぶとい奴らや、開けてみぃ」
小島「アーッ、経帷子《きょうかたびら》です」
高倉「こりゃ面白うなってきた。脅迫状をくれたり、骨壷や経帷子を送ってきたり、親切なこっちゃ、売り方が万策尽きた証拠や」
小島「全くです。そこでまた売り方が揃って岩本（栄之助）詣で、となるのでしょう。この戦争もいよいよ、あと一週間というところですね」
高倉「まあ、そんなもんや」
小島の予想通り、売り方は岩本栄之助に売り出動を懇願して大乱戦となるが、最終的には藤平の買占めが成功、翌44年1月、堂島米穀取引所の理事長のポストを占めた。文次郎と手を取り合って「君のおかげや」と何度も頭を下げたことだろう。

尾角恭一氏提供

小田 末造（1890～1942）
名妓落籍、ガラ的中

相場師小田末造は大阪が産んだ快男児である。「おれはふざけるために世に生まれてきた」と、うそぶき、遊蕩の限りを尽くした。大阪今日新聞社が編さんした「市場の人」（大正15年刊）はこう記している。

「言行突飛、なにをやらかすか分かったものではない。行蔵《こうぞう》不羈《ふき》（出所進退が大胆）、どこへ飛んで行くか見当がつかない。コツコツ現物屋を営んでいるかと思えば、吐月峰（灰吹き）から龍を出すような事業をおっ始める。かと思うと天一坊式の大謀叛を起こし乾坤一擲の大相場を張る。成金になったかと思えば、たちまち無一物の不良青年となる。大阪に根城を据えたかと思えば、東京に脱走している」

アメリカに行ったかと思うと、いつの間にか帰国していて、また欧米に渡る。豪邸の主に収まったと思えば、下宿住まいに転落、まさに波瀾重畳。

「相場師が家で寝る不仕合わせ」と、江戸川柳にある伝統的相場師像をそのままに野放図に生きた。そして、稀代の名花、照葉との紅情生活に、北浜一の仕合わせ者とうらやましがられた。肖像絵葉書の売れ行きナンバー1の照葉を手折りたいと虎視眈眈、機会をうかがっていた数々の財界人、たとえば倉敷紡績の大原孫三郎や加賀土地の加賀正太郎たち金豪を落胆させる。

小田末造が照葉と初めて出会ったのは大正8年（1919）で、照葉がそれまでのお妾さん暮らしを解消して、芸妓にカムバックしたばかりで、23歳になっていた。「横掘将軍」の異称を持つ大物相場師石井定七の弟でやはり相場師の石井竹三郎に紹介された時だった。場所は南地の宗右衛門町。照葉は後年、自伝で小田の第一印象について書いている。

照葉、洋行話に降参

「竹さんは、酒は飲まないし、口数も少なく、ただ芸妓にもてるのが、うれしいといった遊び振りの人でしたが、小田さんは、ロイド眼鏡が板について、一見して洋行帰りと分かるハイカラな風采で、話し振りや態度は、実に傍若無人なくらい賑やかで面白い人だった」（「花喰鳥」）

2人きりになると、小田の洋行土産話に照葉の心が揺らいだ。「花喰鳥」から抄出すると――。

小田「僕、あんたに頼みがあるねんがなあ」

照葉「私に聞けることでしたら」

小田「まあ言うだけ言うてみるわ。わしの女房になってくれへんか」

照葉「なんですか、真面目くさって」

小田「ほんまに真面目くさって言うてるねん。その代わり新婚旅行にアメリカへ連れて行くわ」

照葉「ご冗談でしょう。いくら何でも」

小田「冗談でこんなこと言うもんか。わし、来年、もう一度ニューヨークへ行ってみよう思てんねん」

照葉「それが本当のお話でしたら、私たとえ誰が何と言ったってお供をさせていただきますわ」

折しも欧州大戦下、バブル景気の真っ最中だった。30円払い込みのセイミ（化学株が700円に暴騰して市場は大騒ぎ。このセイミ株暴騰の仕掛け人が小田だった。セルロイド、さらし粉、ソーダ、硫酸など化学工業株を片っ端から手当たり次第に買いあおり、裸一貫から10万円（現在なら10億円くらいか）の現ナマをつかんで意気軒昂、親分の松井伊助を助けて帝国キネマ演芸会社を興して日本の映画事業に先鞭をつけたのだから、映画の都、ハリウッド詣での洋行計画はまんざら照葉の気を引くためだけの甘言とはいえなかった。

相場師が家で寝る不仕合わせ

こうして、小田が照葉と新所帯を持つのに時間はかからなかった。だが、結婚した途端、洋行話など忘れたかのように、相場に明け暮れた。毎朝8時過ぎには店に出掛ける。夜は早くて12時のご帰館、午前2時、3時になることも珍しくはない。そうした夫の態度に不満でも言おうものなら、傍らから姑が鶴の一声。

「茶屋酒呑むのは男の甲斐性や。昔から『相場師、家で寝る不仕合わせ』というたとえにある通り、相場師を亭主に持って茶屋酒や情婦の一人や半分こしらえたから言うて、やきもちしているようなことでは相場師の女房はやって行けまへん」

姑のこのセリフは、文才豊かな照葉が小田と離別してから雑誌「婦人公論」に発表した手記にあるから、多少の誇張はあるにしても大筋では実話であろう。アメリカに行けるのが夢で、丁稚上がりの相場師と結婚した照葉にとって、耐えられない日々が続く。ある夜、洋行話がどうなっているのか、小田をせっつく。大正9年初めのことだ。

「わしは天下の相場師や。ごっつう金儲けがしたいんや。この大相場の波に乗って、金の50万円やそこらしかつかまんようなことでは、北浜で飯を食った甲斐がない。まず、4月の末から5月中旬には必ずこの反動安か、大暴落か、北浜市場に血を見るような大恐慌相場がきっと来る。そこをわしは狙うてるねん。少なくとも300万円、都合よういきゃ500万円の金はつかめると確信してるねん」

大正バブル崩壊を見抜く

小田の相場観は並みではない。北浜では小田のことをチョウチン相場師などとかげ口をたたく連中もいた。「北浜の大閤さん」と称された親分松井伊助にチョウチンつけて儲けていると揶揄《やゆ》される小田だが、間もなく大正バブル景気が弾けるのを見通していたのだ。

世間ではこの景気が永遠に右肩上がりのカーブを描き続けるかのような錯覚に陥っていた時、小田はバブル崩壊を見抜き、その暴落を売りで取ってから洋行したいという小田。小田の予想より少し早まって、大正9年3月15日、バブルは弾ける。「東京株式取引所五十年史」は次のように描いている。

「3日以来、危機をはらめる市況は15日に至るや、俄然、狼狽的投げ物が嵐の如く注がれ、痛烈なる売り方の追撃と相まって、情景悽惨を極めたり。かくして売買高55万9000余株の更新記録を名残りとして、不勢の商状はさらに回復の模様なく、……大阪における増田ビルブローカー銀行の破綻は財界の人気を恐怖せしめたること甚しく、諸株一斉、崩落に次ぐ崩落をもってしても、形勢ますます、険悪となりたり」

4月7日には遂に立会停止となる。大相場が終わってしまえば、相場師小田の北浜市場への未練はない。4月10日、小田と照葉は洋上の人となる。そのころ日本最大の豪華客船「天洋丸」（1万3000トン）でアメリカに向け旅立った。

ところで、小田末造のここまでの足跡をたどっておこう。明治23年（1890）大阪府出身、山一証券の太田収や日興証券の遠山元一と同い年生まれで、ヤマタネよりは3歳先輩に当たる。父親は北浜で株式仲買をやっていたが、違約を起こして、この町から追放され、間もなく死んだ。

その時、小田は勢和鉄道株を10株遺産としてもらった。しかし、父の借金取りのため虎の子の株券も取り上げられてしまう。株屋の小僧をやりながら相場を覚え、300円貯まったところで、株の現物店を始める。北浜に家を借り、テーブルを備え、電話を引くと、手元に残ったのはたった20円。この20円を北浜銀行に預金して当座取引の口座を開設、現物屋として名乗り出るのだから、相当な度胸者といえるだろう。

その後の出世の足取りははっきりしないが、今太閤・松井伊助に近づいたところから芽が出てきたのは間違いない。人生は、どんな親分、上司と出会えるかによって明暗が決まる例が多いが、小田も松井と出会えて、松井に可愛がられたのが、出世の糸口になる。

それにしても、前述したように大正バブル崩壊を鋭く見破る特有の嗅覚の持ち主であったことは見逃せない。松井にしても、小田の相場勘、相場師としての資質に惚れ込んで、側近に抜てきしたのではないだろうか。

小田が没後60年経った今も相場師列伝に必須の人物として珍重されるのは、照葉との交情がモノを言っている面もなしとしない。照葉の面前に小田が突然現れる前、大原孫三郎や加賀正太郎が有力なライバルとして控えていたことは前述した。大原とは少々世界が違い過ぎるにしても、もし、加賀と結婚していれば、照葉の人生も大きく変わっていたことだろう。波瀾万丈が一転、平穏無事な生涯をたどることになっていたのかも……。

加賀正太郎は小田より2つ年下だが、北浜に隣接する大阪高麗橋の大資産家、加賀市太郎の長男で、弟加賀慶之助は大株の取引員として成功するなど、同じ北浜界隈でも加賀家は関西有数の金満家であった。

週刊誌によると、渡米した小田夫妻は現地でも相当なあつれきがあったらしい。「小田はロサンゼルスに着くなり、早くも金髪美人を漁り歩いたこと、照葉も俳優の早川雪洲と仲良くなったり、夫妻ともご乱交の旅であった」などと書いている。小田はウォール街で相場を張ったというが、これは相場師としては当然のこと。

わいの人生は相場と酒と女や

帰国後の小田は「色恋沙汰は相場師の甲斐性」とばかり遊び続けた。「わいの人生は相場と酒と女や」と言い放つ日々、照葉との間の溝は深まるばかり。大正12年2月、照葉は決断する。「5年間、安穏な生活をお恵み下さいましたことを心から感謝いたします」と書き出し、長文の遺書を残して毒を仰ぐ。この自殺は未遂に終わるが、2人の間は決定的となる。

それでも、2人はまた長い外遊に出掛けるのだから、夫婦の仲は外からは分かりっこない。小田と照葉の離婚が成立するのは大正14年暮れのことだから、結婚生活は曲がりなりにも6年余に及んだ。

これより先、小田は関東大震災で大きな打撃を受ける。当時、鐘紡株を1万株持っていたが、震災で暴落、ペシャンコとなる。「天王寺の照葉御殿を人手に渡したのはこの時であるが、君はこのことをもって、自己の不明から相場に失敗したのではないと豪語している。羅災民の一人だといって天災と観じ、依然として自己の腕を信じている」（「市場の人」）

50歳の智照尼

この辺りから小田の勝負運もかげりがみえてくる。快男児の名前が北浜周辺から聞かれなくなっていく。照葉の自伝には「パリの愛欲」などさまざまな愛の遍歴が綴られているが、自慢の黒髪をばっさりと落とす日が来る。昭和9年9月30日のことだ。39歳。京都奥嵯峨、平清盛全盛のころ、都に聞こえた白拍子の姉妹、祇王、祇女ゆかりの祇王寺の庵主として懺悔の生活に入る。
離別して20年ほどたった昭和17年夏、小田がひょっこり照葉（智照尼）を訪ねてきた。「貧乏して初めて人の情けが分かったわ」とポツリ語った。小田がニューギニア戦線で戦死するのはそれから間もなくだったが、智照尼のもとにその知らせが届くのが昭和23年ことで、智照尼の過去帳にはこう記された。

「小田末造　明治23年9月12日生、昭和17年12月12日没　行年53歳」

寺町 博（1924〜2012）

利乗せの相場師・発明家が行く

寺町博が乾繭の思惑買いをスタートさせるのは、平成5年3月のことだ。当時、寺町は株取引で自ら創業社長を務めるＴＨＫ社に巨損を計上していた。週刊東洋経済誌によると、「寺町氏は近年にもＴＨＫを会社ごと株式相場にのめり込ませ、93年3月期の有価証券評価損等で86億円もの最終赤字を計上したばかりである。そんな社長がなぜ、再び相場に関与するのだろうか」（93年11月27日号）。

なぜ、と言われても困るが、相場はそれだけ魅惑に富んでいるということであろう。あるいは、寺町が「ほとんど病気」といわれるほどの相場好きであってみれば、株の大損を乾繭相場で取り返そうという魂胆だったかも知れない。

そのころ前橋、豊橋両乾繭取引所とも閑古鳥が鳴く状態で、取引所幹部は市場振興のため加盟取引員を回って、「乾繭取引をよろしく」と頭を下げて歩いていた。小豆や生糸やゴムなど値動きの激しい客の入りがいい人気商品が居並ぶ中で、「乾繭をよろしく」といっただけでは取引員は振り向いてくれない。それなりのお膳立てをしないことには、総合取引員は乾繭市場に注文を出すことはしない。

市場振興策の常套手段として証拠金の引き下げ、主要都市を巡回する形でのセミナーの開催、売買高の多い取引員への報奨金など諸策があるが、乾繭取引所もまさにそういう状況に追い込まれていた。戦後の商品先物界を代表する相場記者岩本巌は次のように証言している。

「平成5年1月、両取引所は相場のはなはだしい下落と、それに伴う一般市場参加者の激減で極端に疲弊、没落していた。そこで商い振興策を講じる必要に迫られて、たとえどんな仕手が参加してもよいから、商い振興に寄与するなら歓迎する、とでもいうようなあらゆる手を使った。そのひとつに講演会もあった。幸い、買いで臨む参加者が増え、その中に寺町氏が入っていた。この仕手の出方をチェックする取引所トップ、また取引所理事でもある取引員サイドの幹部がいなかった。これが寺町氏を傲慢にしたのである」

寺町が買い始めた時は、1キロ当たり2000円そこそこに低迷していた。最初は寺町の思惑通りの展開で、あっという間に3000円を突破、4月に入ると、4000円台に乗せる。4月21日には一時3700円台に逆戻りするが、5月7日には4640円（前橋先限）と新高値をつける。買い玉も1万枚を超し、2万枚に迫る。まさに男の花道を「利乗せの相場師・寺町博が行く」局面である。

寺町の買いに敢然と売り向かった男がいた。今や、「100億円を稼いだ男」と称される坂本嘉山セントラル商事会長である。坂本は当時、大手商品先物業者フジフューチャーズのコミッション・セールス（歩合外交員）として、知る人ぞ知る存在であったが、自らが所属するフジフューチャーズのオーナーの買占めに売り向かって、バチが当たったのか、10億円の損を出す。

坂本には相当な痛手であったが、「まだ売る時期ではない。ここは寺町の思い通りにやってもらおう」と撤退する。「見切り千両」をモットーとする坂本らしい「踏み退《の》き」であった。

だが、「寺町相場」と呼ばれるこの時の仕手戦で儲け頭となるのが、坂本嘉山ときているのだから、相場の世界は「一寸先は闇」である。

「勝負事は糾《あざな》える縄の如し」とは金言である。坂本が呵々大笑する場面は、後述することにして、ここは寺町将軍の乾繭行進曲についていくしかない。

寺町の買い玉は3万枚に膨らんでいく。自社はもちろん、岡地、フジチュー、コーワフューチャーズ、米常商事など数多くの機関店に寺町の買い玉は分散されていた。かつて小豆の仕手戦では十数社を使ったという寺町だから、このくらいは朝飯前だった。

当時の日本経済新聞はこう報じている。

「買い大手と複数の売り方ががっぷり四つに組んだ争いが始まったのは今年3月。2月の1キロ1600円前後を底に大手投資家が買い進むにつれて上げ続け、ピークの9月半ばには5600円に跳ね上がった。この時期、買い仕手といわれた大手の買い玉は推定3万枚（1枚300キロ）に達した。今年の繭の生産量の2倍もの乾繭を買ったことになる」

業界通の藤野洵は、「寺町はフジフューチャーズを主力とし、岡地を副機関店とし、その他11社を数えたらしい」と述べている。そのころ両取引所の取組高は10万枚に膨れていたとはいえ、そのうちの3万枚を1人の男が占めるに至ったら、タダでは済まない。タライに鯨を泳がしたようなものである。

「寺町博は悲しんだ」

小説好きの読者ならこの時の寺町の心境を思うと、井伏鱒二の名作「山椒魚」を思い浮かべるに違いない。教科書にも出てくるこの小説は、岩屋に棲んで王者気取りの山椒魚が気が付くと、体が成長していて頭が出口につかえて外に出られなくなっていたのだ。全身の力を込めて岩屋の出口に突進するが、コロップの栓を詰める結果に終わってしまう。コロップを抜くためには全身の力で後に身を引かなければならなかった。お人好しの山椒魚はぼんやりしている間に外に出るタイミングを失ってしまっていた。一生、この岩屋の暗黒の世界で暮さなければならないのか――。

この小説の書き出しは「山椒魚は悲しんだ」。余まりにも大きな玉を建てたために、売りに出れば暴落する、じっと持ち続けるしかないのか、と思った時、寺町は深い絶望と孤独に襲われたことであろう。大玉を抱えた寺町と太り過ぎた山椒魚とが二重写しに見えてくる。「寺町相場物語」は「寺町博は悲しんだ」で始まる。

7月に入ると、取引所は事態の異常さに気付く。しかし、すぐには売買規制には動かない。というよりも動けないのである。春先に市場振興策を打ち出し、「いらっしゃい、いらっしゃい」と客を呼び込んでおいて、これから大立回りが始まろうという時に、「お帰りはこちら」と、叫んでも、それはないというものであろう。後日、取引所は仕手戦対応で後手を踏んだ、と批難されるが、それは後講釈であって、取引所は事態の不穏さに気を遣いながらも、いましばらく放置せざるを得なかったのだ。

このころになると、フジフューチャーズに経営不安説が浮上、一部売り大手が協力したため「抜け解合（任意解合）」がみられた。

前橋、豊橋の両取引所が緊急理事会を開くのは10月21日のことだ。翌22日から1日の値幅制限を１００円から30円に縮小するとともに、建玉制限を強化し、玉整理を促すことになる。相場は一転暴落、ストップ安の連続である。

両取引所の指定倉庫は10月末で１０１１トン（３３７０枚）と6月末時点の3倍に膨らんでいるが、そのうちの大半は寺町の在庫である。寺町は買い玉を維持するため納会では現物を引き取る作戦を続けてきた。8、9、10月限で渡し物があれば全量受けた結果、２１３９枚分の現物を保有、指定倉庫の70％近くが寺町の繭である。寺町は繭がほしくて買い取ったのではない。3万枚の建玉を抱えた今、先物市場の買い建玉を防衛するため、いわばいきがかり上、引き取らざるを得ない局面に立たされてしまったのである。

10月29日、建玉整理を巡って、取引所と取引員会社で模成する繭友会（前橋）、豊乾会（豊橋）が鳩首協議の結果、「期近３本を対象に任意解合を行う。基準値は11月２日の大引値とし、11月限は４００円下、12月限は３００円下、１月限は１００円下の価格で、買い方は売り方にプレミアムを支払う」という内容のものだった。

この解合値を巡っては、売買双方から不満の声が噴出したが、11月２日には、前橋で６２４７枚、豊橋で４１８９枚、合計１万０４３６枚の玉整理が進んだ。それでもまだ前橋で約１万枚、豊橋で５０００枚の建玉が残っていた。強制解合でない以上、これは致し方ないだろう。

凄惨な終局、半日で半値

寺町相場の凄惨な最終局面は11月10日、当限の値幅制限が解除された時である。寄付で前橋が１６２４円（47％）安、豊橋で１６９２円（48％）安と取引所史上最大の暴落を演じたのである。半日のうちに３５００円から１８００円と、まさしく大瓦落である。

このころになると、寺町がオーナー社長を務めるベアリングの大手、THKの株価が崩落する。寺町にすれば自業自得とはいえ、往復ビンタを食らった格好である。前出の東洋経済誌による。

「寺町社長を巡る疑惑を反映してTHKの株価が暴落を続けている。90年3月には4万400円という当時の株価日本一に輝いた銘柄が1000円割れ寸前。株式分割で公開時の1株が4・5株に増えていることを勘案しても高値から8分の1という水準だ。THK2万人株主への裏切り行為」

THKの株価はその後も下げ続け、700円台にまで落ち込む。寺町は11月29日の記者会見では「株価暴落で株主には迷惑をかけた。前期の赤字原因だった株式運用からは撤退した。94年3月期は黒字転換できる見通しだ」と強腰を崩さなかった。

寺町の乾繭相場での損失額について、マスコミの推測はまちまちで、100億円から200億円まで大きな開きがあるが、それ以上に問題なのが、仮名、借名口座の件である。

藤野洵は「仮名、借名のあらん限りを尽くし、それは合計25口座もあったといわれる」と、伝聞の形で語っているが、実相に近いところではないか。東洋経済誌は「仮名、借名の存在の疑いは取引所側も認識しており、近い将来、フジやその実質的オーナーで仕手本尊とみられる寺町氏に対する処分に発展する可能性がある」と凄んでみせる。前に記したように、仮名、借名の問題について寺町は記者会見では全面否定し、処分問題はその後、ウヤムヤに終わってしまう。

後日談になるが、寺町は仕手戦が終盤を迎えた10月半ば、美摩夫人を伴って前橋へ現れ、建玉制限の撤廃を訴えたという。寺町にすれば、市場振興を願う取引所の意向に沿って買い玉を膨らましたら規制強化で身動きが取れなくなった。早急に規制を緩めてくれ、というわけだ。休日に夫婦そろって、取引所の事務局理事である野村長次の自宅を訪れ、規制解除を訴えたのは、いくら資産1000億円と称された寺町といえども、打撃が大き過ぎたからだろう。野村はその当時の記憶をたどりながら「寺町さんは乾繭よりTHKの株安で弱っているようだった」と語っている。

坂本嘉山、リベンジ成功、儲け頭

ところで、寺町相場の初期段階で売り向かって10億円の損失を被った坂本嘉山だが、虎視眈眈とリベンジの時を狙っていた。相場が5000円台に乗せてきたところで、再び売り出動、その直後の暴落で30億円の利益を上げ、儲け頭となる。任意解合に伴うプレミアム（割増金）をたっぷりいただいた坂本はいまでも時折、反芻しながら、蜜の味を忘れかねている。昔はプレミアムのことを「アンコ」と言った。

寺町の相場人生には兜町事件簿に名を残す野村証券新宿支店で起きたTDF株「鉄砲事件」が影を落とす。「鉄砲」とは、株や商品先物でA社で売り注文を出し、B社で買い注文を出し、損した方は知らぬ、存ぜぬを通し、儲けはしっかりいただくというもの。

古来、時々市場を賑わすが、平成9年に起きた寺町のTDF株の場合、170万株という巨額にのぼり、寺町と野村の間で裁判沙汰になる。寺町側が有利といわれていたが、どう決着したのか。フジフューチャーズの幹部社員に尋ねても、手を横に振るだけで藪の中である。

筆者が寺町に一番最後に会ったのは平成21年ころで、既に85歳を迎えていた寺町が至って壮健で日々相場を楽しんでいた。その2年前「トレーダースクール」という会社を立ち上げ、外務員の質的向上、大学生の実地訓練で先物市場の底辺拡充を狙った。毎月初めには朝8時15分から15分間、全社員を前に「お客さまにいかにして儲けていただくか。それがわが業界の発展につながる」と熱っぽく語り、時には30分に及ぶこともあったという。なぜか、自分の玉はフジではなく同業の大手ネット取引員D社に出していた。

巨損にめげず相場を愛する男

「自ら創業した日本トムソン社長の座からの追放、脱税、仕手戦、二度目の創業であるＴＨＫの株価日本一……。寺町博は発明家であり、生涯に二度まで東証一部上場企業をゼロから起業した技術系の敏腕経営者である。その業績からいえば、本田宗一郎やソニーの井深大と並ぶ名経営者と称えられても不思議はないが、寺町を誰も両氏と比肩しない。この人の場合、株好き、相場好きは『不治の病』と言われ、それが人物像を曇らせているのだ」――フリージャーナリストの梛野《なぎの》順三は「日本経済黒幕の系譜」の中で寺町博をこう評した。

寺町は天才エンジニアと名声を高める一方で、「ほとんど病気」といわれる相場好きのために損をしている面なしとしない。日本発明振興協会から発明大賞を受章、平成3年には紫綬褒章を受章した。学術、芸術上の発明、創作に関し、事績著明な者に授与される紫色のひもで佩用《はいよう》する褒章をもらった寺町だが、同時に商品先物業界、株界にも多大の貢献を果たしている。ベアリングの発明で稼いだ莫大なカネを惜し気もなく鎧橋周辺の投機街にばらまいた人物でもあるからだ。

寺町博は88歳で他界するまで、商品取引のフジフューチャーズの会長兼社長として毎日出社、コンプライアンスの徹底を口酸っぱく説いていた。もちろん、三度の飯より好きな相場からは片時も目を離すことはない。相場の虫であり、ベアリングの虫でもある稀有な発明家兼相場師の事績をたどると、大敗ばかりが目に付く。温和な顔付きに似ず大胆に相場を張り、そして散る。散ることに相場師の美学を見出しているかのように人々には映る。

寺町博の名が最初に商品先物界に浮上するのは、昭和44年ころだ。「日本トムソンの寺町社長が商品相場で大きく張っているらしい」との情報が市場を駆け巡る。寺町は初め、生糸を買い、最初は大きく引かされるが、ねばって儲けると、今度は小豆を売りまくった。十数社の取引店を使ったというから、すでにして大仕手といえよう。この時、有力機関店となった岡地の岡地中道社長（現岡地和道社長の父）の証言がある。「商取ニュース」の昭和51年3月1日号から5回連載された。

岡地中道の証言

「45年の初めにうちとしては追証をポンにしたわけです。入らないということで、それだったら建玉を手仕舞わなきゃいけないというふうに強硬にもっていった。それで一応手仕舞って、他社も大体同じような時期に手仕舞ったんじゃないかと思います。そうしたら、45年の2月の中ごろに寺町さんが僕に会いにわざわざ名古屋に来たんです。『大体15億円ぐらい損してるんだけど、担保に日本トムソンの株を約200万株、各取引員においている。これを売られたら大変だ。受け出してくれませんか』という。トムソンという会社はその当時内容が非常によかったんです」

そのころ日本トムソンの株価は300円くらいの高値を呼んでいた。岡地中道は以前からこの会社の将来を見込んで40万株も持っていたが、そんな事情を寺町も知っていたのであろう。岡地に対して、200万株の肩代わりを頼み込んだのである。岡地は各取引員に金を払って日本トムソン株を受け出して200万株を引き受け、岡地が国内筆頭株主に踊り出る。

「一番の筆頭株主というのは、スウェーデンのSKF、これが約17%持っていたんです。450万株くらい。その次がうちで、240万株くらい。だから、役員に入ってくれということで、一応これだけの株を持っておると、ある程度、会社のことを知っておかなきゃいかん。非常勤役員ということで、45年3月の総会でなったんです。こちらは表に出るつもりは全然なかったんですよ。ゆくゆくはこの株を寺町さんが買戻してくれる。買戻すという約束だったんですから。ところが、彼、金がないもんだから買戻す気配もない」

結局、45年7月の終わりに株主総会で寺町社長の退任が決まる。岡地は銀行筋から「あんたが代表権持ってやれ」と社長に推されるが、「ベアリングのことは全く知らないから」と辞退、大同製鋼の中塚常務が日本トムソンの社長に就任、岡地は専務となり、新体制で再出発となる。だが、岡地が日本トムソンの専務を務めたのは1年ばかりの短期間だった。週刊誌に書き立てられたことでいや気が差したためだ。「上場会社の社長が相場で損をして、代わりに商品取引員の社長が乗り込んできた。前代未聞の珍事」などと書かれた。折しも商品先物業界の「客殺し」が社会問題になって世論の指弾を浴びていたこともあって、岡地の〝トムソン乗っ取り〟はニュースバリューがあったのだろう。

財テクの失敗が発端

ところで、寺町博と商品先物相場とのかかわりについて、岡地中道はこう証言している。

「僕が当時聞いたのには、大きく損をする1年くらい前に、日本トムソンのある役員が相場をやって損をした。それの相談を受けてやむを得んから、継いで、自分でやろうといってやりかけたのが、そもそもの発端だと本人は言ってました」

寺町はトムソン時代、社員預金制度を作って、年20％の利子を約束、それで自社株を買わせようという発想であったが、社員の増加とともにぐんぐん預金額が増えてきた。自社株を買うだけでは預金額は増える一方なので、事業内容のよく分かっている同業他社やユーザーの優良株を買った。

「それが分かって、同業者からは株の買い漁りをやると批判された。この株の運用のため第一工業という会社を設立して財テクの先駆者となった。また、高橋高見のミネベアは財テクをやっていなかった。ところで、20％の利子を確保するため、株がよくない時は、他の相場にも担当重役が手を出し、それが失敗、7億8000万円の赤字を出した。寺町は責任を痛感、私財を全部投げ出し、社長も45年7月にやめた」（日刊工業新聞編「男の軌跡」）

この記事によると、財テク担当役員の運用失敗で、寺町が全財産を提供したとあるが、少々美談に過ぎる。ここは岡地中道に寺町が語ったように、財テク担当役員の出した赤字を取り戻すべく、寺町自身が商品相場に乗り出し、深みにはまり、赤字を肥大させ、遂に社長を追われる羽目に陥ったとみるべきであろう。

寺町博は大正13年岐阜県山県部高富町で9人兄弟の4男として生まれた。父は、小学校の先生で2人の姉も教師であった。寺町博の風貌も教育者と呼ぶにふさわしい。

美濃の国は壬申の乱以来、戦乱に明け暮れ、「美濃を制する者は天下を制す」と言われ、天下の要衝であった。斉藤道三、織田信長、明智光秀など反骨の武将を輩出し、彼らの生き様には「滅びの美学」が共通しているとの説がある。寺町が二つの上場企業を創業し、いずれも想いを残し社長のポストを追われる姿と反逆武将たちとが二重写しに見えてくるから不思議だ。

寺町の岐阜一工時代の仇名は「聖人」。切った、張ったの相場の世界に身を置いていながら、全く相場師らしくない寺町の挙動は、中学校時代の「聖人」の姿を彷彿とさせる。相場師の二大属性とされる敏腕と豪胆は寺町とは無縁である。

寺町は昭和17年岐阜一工を卒業すると、愛知県半田にある東洋ベアリングの子会社、半田重工業に入社する。同19年出征、第二次大戦、復員して半田重工業に復帰するが、同23年退社、ベアリングの販売店を始める。同25年名古屋で大一工業を創立、ニードルベアリング（針状軸受け）の生産、販売に乗り出す。同38年大一工業を日本トムソンに改称、念願の東証二部上場を果たす。

株価は125円が初値で、以来上昇を続け、300円に達した。同業他社の株価が50～80円であったから日本トムソンの株価は〝独歩高〟といえるが、業績の伸びが株価を支えていた。

だが、好事魔多し。財テク運用の失敗から前記の破綻に遭遇する。しかし、再起まで大して時間はかからなかった。寺町が独立して間もないころ、名古屋の大須観音の境内で手相を見てもらったことがある。占い師から「42、43歳ころ失敗するが、必ず立ち直り、大成する」とのご託宣をいただいていた。事実、その通りの運命が寺町を待っていた。

日本トムソンを岡地中道に乗っ取られるような形で退いた寺町は9カ月後、昭和46年4月、資本金4000万円で東邦精工を設立、ベアリング界にカムバックする。日本トムソンから45名の社員が寺町を慕って駆け付けた。同じころ、寺町は宮入バルブの社長に頼まれて専務に就任し、株もかなり持たされた、と伝記にある。が、これはやや不可解な行動ではないか。起死回生を目指して東邦精工を設立しようという時、二足のわらじを履くことは解せないし、宮入バルブの株を持つ資金的余裕があったとは思えない。ほどなく、宮入バルブの専務を辞め、東邦精工に専念するとともにツガミグループの総帥で再建屋の誉れ高い、大山梅雄に株を譲って、ベアリング屋に戻る。

東邦精工は設立から10年後には売上高が140億円、15年後には300億円を突破、同59年には社名をＴＨＫに改め、株式市場へ上場を果たす。日本トムソンを追われて15年経って、直線運動用軸受で全国シェア80％という会社に仕上げた寺町だが、再びＴＨＫを手放す時がやってくる。

乾繭相場で１００億円の損

平成５年11月、寺町は乾繭相場で１００億円を超す巨損を出し、苦渋の記者会見を開いた。その冒頭で30秒に及ぶ長い沈黙が事態の異常さを物語っている。ＴＨＫの株価が暴落、経営不安説が流れる中で記者たちの質問に答えた。11月30日付日本経済新聞は「乾繭相場で損失１００億円、自社株売却説を否定」との見出しのもと、次のように報じた。

――１００億円損失発生のいきさつは。

「経営不振の商品取引会社、フジフューチャーズから救済を頼まれ、引き受けた。フジの持ち株比率を六割強に高めて実質的オーナーになるとともに、有力顧客などに総額約１００億円を融資した。しかし、乾繭の先物相場が暴落し、顧客に多額の損が発生、私の貸付金もほぼ全額が回収不能になった。私自身はこの商品取引に参加しなかったし、巷間いわれるような仮装取引など商品取引所法違反の事実はない」

――THKとは関係ないのか。

「あくまで私個人の資金で、会社からの資金流用や債務保証を受けたことは一切ない。THKの株を担保に銀行融資を受けてもいない。私が資金繰りに困って自社株の売却に追い込まれているとの観測から株価が暴落したようだが、今のところ売却の必要な状況ではない」

栗田 嘉記（1932～92）
クールに生きた理性と品格の勝負師

未曾有のハデな投げ

「静岡筋」こと栗田嘉記が週刊誌を賑わすのは、昭和47年のことだ。「商品相場で55億円、天国と地獄を往復した元サラリーマン　生糸市場で6カ月買いまくった『昭和の糸平』はクールな男」（週刊サンケイ、昭和47年12月8日号）。

明治時代に横浜の生糸相場や蛎殻町の米相場で凄腕をふるい大相場師と呼ばれた「天下の糸平」田中平八（１８３４～８４）の再来のように騒がれた。

この年、約25億円の現金をつかみ、10月末の時点では栗田の買い建玉は大幅値上がりで巨利をはらんでいた。計算すると、30億円の儲けであり、合わすと、ざっと55億円の利益を手中にした。いや、手にしたかに見えた。しかし、手仕舞い時を逸したためその後の暴落で掌中の玉を取り逃がしたのである。この間、わずか1カ月余、あり金をはたいても14億円の借金を背負い込んだ。

需給見通しを読み違えてしまったことと、戦線を拡大したことも敗因だった。横浜、神戸の両生糸取引所に加え、前橋、豊橋両乾繭取引所にまで手を広げていたのが傷を大きくした。11月7日、栗田は敗北を認め、撤収を決断する。この時点で栗田の買い建玉は横浜で1万7619枚、神戸で1万6140枚、合わせて3万3759枚（1枚＝120キロ）に達していた。栗田の玉を受けていた機関店が全国十数社に及ぶという大掛かりな買占め戦であった。

このほかに4000枚、金額にして40億円分の現物を抱えていた。なぜなら栗田は年初から「生糸相場1キロ当たり1万円」を目指して毎月のように現物を引き取ってきたからだ。先物と現物を合算すると、400億円近い生糸を一人占め、「天下の糸平」もびっくりする大思惑であった。

この間、7月以降、政府が生糸相場の鎮静化に動き、政府（蚕糸事業団）保有の生糸の放出を実施する。栗田はそれを片っ端から引き取ったから、まるで蚕糸事業団在庫が栗田在庫に変貌した格好である。折しも生糸相場が変調を来たし、9月18日をピークに下降に転じ、必死で買い支えに出るが、流れを逆転するメドが立たないまま、自爆を覚悟する。11月7日夕、栗田の機関店各社から取引所に対し、敗戦処理（投げ）の申し出があった。

栗田が投げればストップ安の連続になるのは必至である。混乱を最小限にとどめたい取引所は、①新規売りの自粛　②栗田の投げに売り方は買戻しに出て玉合わせする……ことを内々で決める。普通であれば、売り方には到底、受け入れられない措置である。なぜなら、売り方にとってはまたとない、買い仕手崩れのチャンスであるからだ。ところが、売り方取引員の間に「栗田さんは別格だ。なんとか協力しようじゃないか」という空気が最初から底流していたという。藤野洵が「群伝七人の相場師」の中で記している。

節度をわきまえた戦闘の倫理

「金銭欲を相場と人生の取り組みの中で、見事に昇華してしまった。栗田の潔さは、哲理として、『決して、買占めとか、玉締めとか、いわゆる金権暴力に等しい行為はとらない』という、節度をわきまえた戦闘の倫理で示されてきた。あくまで沈着、端正なポーズ。これまで数多くみてきた相場師、投機師には一度も感じられなかった、キラキラと光る知性。そうした人間像が昭和7年生まれという若さにもかかわらず、栗田の神仙枯淡の風格さえ漂わせる要因になっている」

辛口評論でのしてきた藤野がここまで評価する栗田嘉記という人間に会見しなかったことをかつての相場記者として悔いるばかりだが、藤野は業界人のこんなコメントを取り上げる。

「そうですね。栗田さんの場合、人間的魅力が大きかった。知的な人だし、何をするにも誠意があった。生糸市場興隆の功績者だという見方をする人が多い」

また、別の業界人はこう語る。

「栗田さんがわれわれ取引員各社に落としてくれた手数料は想像以上の金額ですよ。栗田さんのおかげで、経営的に随分助けられてきたものです。だから栗田さんの破綻を、実に悲痛な気持ちで受け入れようとした」

11月16日、債権者会議が開かれた。静岡市内の栗田の事務所へ債権者たちが集まった。実はその前日、横浜のシルクセンター5階会議室に約20名の機関店代表者が集まり、債権額を出し合った。この「栗田嘉記に対する任意債権者会議」を司会したのは岡地の野村征義横浜支店長（後に社長）だった。

商品先物取引業者各社が提出した栗田に対する債権額は中井繊維4億7000万円、角田2億8000万円、明治物産2億2000万円、石橋1億7700万円、林商事1億4000万円、岡地1億3500万円、山梨1億1200万円など13社にのぼり、総額18億円に達した。これに対し、栗田の資産は野村証券、資生堂、月島機械などの株券が4億円あり、差し引き14億円の負債が残った。

慟哭の債権者会議

債権者集団が大挙して栗田事務所を訪れた時、マンションの入り口で直立不動、憔悴し切った表情で出迎えた。藤野は前出の書でこう描いている。

「彼は次の瞬間、ガクッとひざを折って身体を二つに折り、頭部を畳にすりつけて深謝したのである。『皆様には、まことに大変なご迷惑をおかけ致しました。お許しいただけるものであれば、どんな処置でも甘受致す覚悟であります』。そして栗田は全身で慟哭、懸命に苦しみに耐えていた。その姿に債権団は人間的な誠実さを感じざるを得なかった。栗田嘉記という、一人の男の半生を貫いた孤高の誇りと悲哀がにじみ出ていた」

巨額の負債を抱えて破綻した相場師栗田の事務所を週刊サンケイ記者が襲うのは債権者会議からほどなくのことだ。記者の目に入ったのは、司馬遼太郎のベストセラーが並ぶ本棚くらいで、あとは応接セットに机、そして3本の電話だけだった。

「この1年間、生糸の相場を動かしたコントロール・タワーにしては、今ひとつ重厚さに欠ける。それに、栗田氏、およそ相場師らしくない。『戦いすんで日が暮れて、というところですよ。この16日に債権者会議が開かれましてね。今はただ謹慎中です』」

謹慎中といいながら、週刊誌記者の取材に応じるのは、藤野が描く「品格の相場師」のイメージとはそぐわない。デカデカと書かれるのを承知のうえで、「謹慎中です」とは、いかがなものか。栗田の自己顕示欲は相当強いといえよう。いまや敗軍の将となった栗田の弁とは——。

「長期的な展望に誤りはなかったが、中期的な展望を間違えました。それはこういうことです。昨年12月から買いを入れ、一応ヨミは当たり、8月に暴騰しました。そこへ蚕糸事業団の手持ち生糸の放出です。これも消化してしまうのではないかと考えたが、これが見通し違いでした。あとはご承知の通り、自ら渦中の人となり、火事を起こした当人が消すことを忘れたような次第で、追い証切れで負けました」

それにしても、11月8、9日の両日で栗田は3万枚を超す買い玉をぶん投げるという未曾有の派手な散華振りだった。日ごろ商品先物業界に莫大な委託手数料を落としていたこと、それに買占めや売り崩しをやった時にも「敵に塩を送る」義侠心をみせ、トコトンまで相手を追い詰めることをしなかったので、おのれに火の粉が降りかかった今回、皆で火消しに協力してくれたのであろう。栗田の投げに対し、売り方が「玉合わせ」と称して買戻してくれたからこそ、14億円の損失で済んだのである。白旗を掲げ恭順の意を表した栗田に対し、敵陣の武将たちは栗田の首までは要求しなかった。かつて仕手筋、相場師たちは私的な市場振興機関の役割も負っていた。

週刊誌の記者にこれからの生糸相場について講釈してみせる栗田の冷静さは、あたかもエコノミストのようだったという。記者が「上がるのなら、もう一度やってみれば――」と水を向けると、「金がないですよ」と神妙な表情をみせた。謹慎中にしては饒舌に相場を語った栗田を今度はノンフィクション作家の沢木耕太郎が直撃する。「鼠たちの祭」（「人の砂漠」所収）から引用すると——。

「ぼくは、彼が豪快に沈没して間もないころ、静岡を訪れた。金のない時だろうと思えるのに、『待月』という静かな料亭に招いてくれ、自分がなぜ敗れたかを淡々と解説してくれた。この世界には珍しい感情の起伏の少ない、理性的な話し方だった。馴染みの仲居なのだろう、料理の膳を運ぶ合い間に栗田を冷やかした。『50億円もうかった時にやめときゃ、いいのに』。栗田はにこにこしながら『そうだな、うまくすればそこから300億くらい手に入ったろうからな……』と言い、さらにこう続けた。『でも、そういうことじゃないんだな』。彼女には『そういうことじゃない』という栗田の言葉が全く了解できなかったのだ」

相場は結果がすべてである。「タラ・レバ」は勝負師には禁句である。そんなことは百も承知の栗田が悔しがる仲居を戒めた言葉、それが「そういうことじゃない」の意味であった。

明治物産時代にも大穴

栗田が破綻するのは、今度が初めてではない。大手仲買明治物産に外務員として在職中の昭和38年、「赤いダイヤ」の小豆相場が盛んだったころ、手張りをやって、大損をこうむり、会社に500万円もの借金をこしらえ退職してしまう。この時、会長の鈴木四郎は「金は弁済しなくてもいいから――」と腹の太いところをみせた。

ある時、1人の男が明治物産に立ち寄り、「借金です」と言って、名を告げずに何十万円か置いていったことがある。それが栗田だった。鈴木四郎はこの話を社員たちに披露して、「見ておれ、あいつは今に偉いことをするような男になるぞ」と褒めちぎった。

鈴木は早稲田の学生時代から相場の世界に首を突っ込み、相場師として名を成し、後に東京穀物商品取引所の第4代理事長に就任するが、半世紀にわたって相場の世界で切った張ったで生きてきた男だけに人を見る目は確かである。果たして、「静岡筋」の名がマスコミを賑わすようになる。

そして、今度空前の仕手戦に敗北して、債権者に土下座して、詫びる羽目に陥る。相場師栗田嘉記に再起不能説も出るが、鈴木はまたいずれは甦るとにらんでいた。それが屈辱の債権者会議からわずか半年余りで「静岡筋」が復活するのだから、相場は一夜大尽・一夜乞食の世界である。余りにも早い栗田復活には鈴木四郎も驚いたことだろう。これには訳がある。

栗田を殺すな

未曾有の投げを演じ破綻した栗田嘉記が半年も経たないうちに商品先物市場に生還した。これには栗田を殺したくないと願う資金提供者が少なくとも2人はいたからだ。1人は大阪の老舗取引員中井繊維の創始者中井幸太郎会長で相場師としても知られている。

当時は大阪穀物取引所の理事長という要職にあった。中井の豪気な生涯を追懐する1人に元エース交易会長の榊原秀雄がいる。榊原は若き日、中井繊維の大阪本社に籍を置いて、客外交に精出していた。1日100軒訪問に情熱を燃やし、日本一のセールスマンを自称していた時、榊原の存在が中井幸太郎の目に止まる。

「ある日、中井の車（キャデラック）に同乗して大阪見物に繰り出した。当時、大阪の商品先物業界を牛耳っていた中井の胸ポケットが株券や札束ではち切れんばかりに膨らんでいたのを榊原は見逃さなかった。『中井さんのようになりたい』――榊原はひそかに期するものがあった」（市場経済研究所編「フューチャーズ群雄の素顔」）

榊原が憧れた中井幸太郎は義侠心にも厚かった。昭和47年秋栗田が行き詰まった時、負債総額は18億円に達したが、債権額の筆頭は中井繊維で4億7000万円を占めた。別の言い方をすれば栗田を最も信用したのが中井だった。その中井が無償で再起の舞台を提供しているといううわさが業界スズメの間でささやかれた。

栗田の投げで生糸相場は7800円に暴落したあと、栗田のかねての見立て通り、上昇を続け、翌48年3月には1万4000円台を突破する勢いである。この過程で栗田は儲けを大きく膨らませていった。

栗田再起の最大の支援者は中井であったが、もう1人、栗田の復活に力を貸したのが角田純一である。

角田は横浜の生糸問屋から身を立てた相場師である。商品取引員・角田株式会社を経営するが、生来相場が飯より好きで自己玉売買のほうが忙しく、取引所の理事など公職には見向きしないで、ケイ線ばかりにらんでいる。

蚕糸界の大御所三木瀧蔵（元神戸生糸取引所理事長）によると、「卯年生まれの男は博才に長けている。特に昭和2年生まれの男がそうだ」という。角田は昭和2年生まれ。動物的嗅覚が鋭いことで有名、角田が「なんだかおかしい匂いがしてきたぞ」と、いえば相場が動意を見せるというから不思議な予知能力を持った男である。

商取界狂気の昭和2年組

話が少しそれるが、商品先物業界には「狂気の昭和2年組」という言葉がある。相場師ばかりとは限らないが、かつて吉原軍団を率いて雷名を轟かした本田忠、富士商品（現フジフューチャーズ）の創始者立川政弘、元東京穀物商品取引所専務理事森川直司、大阪の一大勢力、大津やグループの総帥西田昭二、岡安商事のオーナー岡本昭（のちに関西商品取引所副理事長）、そして角田純一。皆昭和2年生まれである。

角田の吐いた言葉で「罫線は時間と空間の総合芸術である」――これは確かに言い得て妙である。後世に残す名言といえる。そして、こう罫線論を展開する。

「これまでの罫線屋が間違うのは、いつも形にとらわれ、空間的な一面だけを重んずる結果だ。三尊型だとか、宵の明星だとか、半値押しだとか、そういう形だけで判断できないところに相場のドラマがある。相場は時間の子なのだから、時間の経過そのものに深い意味があり、これが相場の変化を支配する。だから、どういう日柄の中で、どういう波動が起こったかを総合するのでなければ、来るべき変化は読み取れない。だからぼくは週間コマ足を重視する」（亀井定夫著「わたしはこうして商品相場で儲けた」）

週間コマ足というのは角田が開発した罫線で、週足の中値をその週の始値とし、週末大引値がそれより高ければ陽線、安ければ陰線となる。それをはみ出した高値、安値はヒゲとして描かれる。陽線コマ足は絶対的な買い線であるが、陽線であれ、陰線であれ、ヒゲが出ると波動の転機になるという。

「その場合、下げ相場のあとの陽線コマ足は絶対的な買い線であるが、たとえ陰線でもコマの形になっていれば底値となる。だからコマができないままに上げていっても大勢観からするとアヤ戻しに過ぎない」

かつて野村証券に籍を置き、山文証券を経て商品取引の山文産業社長になった亀井定夫は相場師としても大成したが、「角田純一氏の魅力はドテン損切りの切れ味にある。それも売り玉の損切りドテンがうまい」と評している。

閑話休題。角田の罫線論に深入りしてしまったが、中井の侠気と角田の資金援助で栗田は復活の糸口をつかむことができた。角田の罫線からの見方と栗田のファンダメンタルズ面からの強気観が合致し、「栗田さん、私も買うから、一緒に買いますか」といった話に盛り上がっていったことは十分推測できる。

栗田に対する角田の債権額は中井繊維に次ぐ2位（2億8000万円）にのぼっ

ており、重要機関店の役割を果たしていた。2人の間ではコマ足談議も盛んに闘わされたに違いない。

小豆で桑名筋と対決

相場を張ること、それ自体に生き甲斐を感じる栗田は生糸の買いで息を吹き返すと、小豆を手掛ける。48年夏、「桑名筋」こと板崎喜内人の買占めで1万4000円台に高騰すると、栗田は敢然と売り向かう。「桑名筋」の買いに「静岡筋」の売り。当代切っての人気相場師同士が角突き合わせることになる。板崎が秋以降の品不足を見込んで買い進む一方、栗田は現実の需給悪化を見詰めて高過ぎると判断した。このころ藤野洵の電話取材に対し、栗田は長広舌をふるった。

「板崎さんが買い大手であったとしても、その根拠はインフレを大前提とした夏場の天候悪と売り方のカラ売りではないでしょうか。私は世間一般に伝えられているように、7000枚もの小豆の売り玉は持っていません。私のグループの売り玉を合わせても3500枚そこそこです。天候は確かに世界的に不順ですし、日本でも種まきの始まった北海道は悪化しています。が、日本全体の気候は過去の大凶作年に比較して決して悪くありません」

さらに栗田は作付け面積や古品在庫、韓国、台湾、コロンビア3国で契約栽培されている小豆や雑豆輸入ワクの重石があることなど、とうとうと弁じ、売りの根拠を惜し気もなく語るのだった。栗田が専門とする生糸需給を語る時と同じような自信を持ったクールな相場観測に藤野は圧倒されそうになったという。

ところが、栗田の推理は見事に外れてしまう。48年7月13日、小豆先限は1万9730円にまで噴き上げ、板崎の完勝となる。栗田の完敗だが、売り玉がシンパを含めても3500枚にとどまっていたため、傷は浅かった。歳は3つ下だが、小豆相場では先輩格の板崎に敬意を表したというか、名刺代わりのあいさつ程度の敗北であったかも知れない。なぜなら、翌49年栗田は一転強気となり小豆の買い玉は1万枚に膨れ上がり、市場は驚嘆の目で栗田の動静と進退を見守った。そして7月26日には1万9870円と2万円相場直前にまで暴騰、巨利を博した。

主役交代

一方の板崎は前年度までの勢いはどうしたことか、49年に入ると曲がりっ放し。小豆をはじめ、生糸、毛糸でも外れ、淋しくシテの座を栗田に明け渡しワキに回った。板崎は撤退の弁を語っている。

「物価抑制のため、企業の利潤までが国会の場で指弾を浴びる時代です。だから、ひとまず時代に即した生き方だと考えました」

板崎から栗田へ、商品先物市場の覇者交代で以降、華麗な栗田相場が展開されることになる。多くの相場師が目に見えない敵との闘いにエネルギーを燃やし、自分自身の中に潜む我欲の始末の悪さと格闘する中で、栗田は自分の組み立てた推理が現実となって展開されていくことに無性の満足感を覚える。

雅《みやび》の投機師と称され、知的マネーゲームをエンジョイしながら静岡筋の時代が展開されていく。今から見れば、商品相場が最も花やいだ時代に仕手として闊歩したのが栗田嘉記であった。

時間は一気に飛ぶ。平成4年、S新聞が創刊25周年企画で、栗田にインタビューを試みた。伝説の昭和47年「天地と地獄」の1件について敗戦の弁をこう語った。

「手持ち現物を定期（先物）には環流させないという約束で流通に転売した。ところが巧妙な手法で本来実需で消費されるはずの現物が先物市場に環流して、何度も渡され、無理受けしたのがたたった。総投げする直前、ある大手商社から手持ちの現物を担保に融資する、との申し出があったが、既に全部投げて一度撤退すると決めていたので、この申し出を断った」

そして、48年のカムバック劇について——。

「1億円相当を周囲の方に支援してもらい、乾坤一擲の勝負に出た。幸い翌春に大相場になって借金を返すことができた。本当にうれしかった」

14億円の借金を一気に弁済、なお億を起すカネが手元に残ったという。

私から相場を取ると何もない

「私から相場を取ったらなにも残らない」と言ってはばからない栗田にとって相場は生きる支柱なのだ。生きている証であり、残玉が栗田を夢見心地にしてくれる。残玉には無限の可能性がある。が、ひとたび決済すれば、そこで夢は終わり、現実的に益金か損金が確定するだけである。栗田にとって、それは排泄物でしかない。栗田は言う。

「自分はお金が欲しくて相場を張っているのではありません。金儲けが目的なら株の買占め屋のようにやりますよ。好きなんです、相場が。相場で儲けたら、また新たな相場を張るのです。これ以外にありません」

かつて中山製鋼株で近藤紡と大勝負を演じ、商品相場でも数々の仕手戦を戦った笹川良一は「相場は人世の大事とは思わない。大事を成すための手段である」と口癖に言っていたが、栗田には、相場は人生の大事そのものなのだ。

数多くの相場師伝を書いてきた藤野洵が、栗田を「相場界のソクラテス」と評したことがあるが、透徹した論理でファンダメンタルズ（需給関係）を読み解き、玉を立てる。マスコミから逃げ隠れしたりせず、チョウチン筋がうるさくなるほどまとわりついてもふるい落としなど眼中になく、自ら信じる相場観に従って建玉を膨らましていく栗田嘉記。

相場記者の大御所、鏑木繁翁が「戦後最高の相場師は、やっぱり栗田かな」と語ったことがある。還暦を迎え円熟味をさらに増すかと期待されていた矢先、栗田の訃報が流れた。

日曜日の昼下がり、自宅の庭で鯉に餌をやろうとしていて足を滑らせて急逝した。糖尿病が相当悪化していたというが、惜しい男を亡くしたものだ。以来、マスコミから「静岡筋」の名は消えた。しかし、先物市場を愛する人々の記憶の中から「静岡筋」が消えることはない。

S新聞の先物担当記者が取材を終えての帰途、栗田に「ちょっと寄っていきましょう」と誘われてパチンコ屋に入ると、「追い証は自分でネ」と、ニコニコしながらパチンコ玉を分けてくれたという。初めに栗田からもらった玉がなくなったらあとは自己資金でやりなさいという意味で「追い証」という相場用語を使ったのは栗田らしい。栗田のパチンコの腕はプロ裸足だった。やはり戦後商品先物史に異彩を放つ相場師だ。毀誉褒貶が付きものの相場の世界で、褒め言葉しか残されなかった稀有の相場師、それが栗田嘉記だった。

山崎 種二（1893〜1983）
「相場は人生だ」

昭和27年10月、東京穀物商品取引所が開設されると初代理事長に就任したのが「ヤマタネ」こと山崎種二であった。戦前、コメ相場で鳴らし株でも巨利を占め、鎧橋周辺で天馬空を行く勢いであった。ヤマタネは理事長時代、みずからも相場を張って場を賑わした。そのころ、大徳寺派宗務総長の立花大亀老師と人生問答を繰り返し、気炎を上げた。「赤いダイヤ」小豆相場が世間を沸かしていたころである。

先物を振興、競輪・競馬を廃止さす

立花　今、清算取引が問題になっているようだが、あれは国民感情から言ってどうでしょう。投機心を助長させることにならんですか。

山崎　あれ（先物取引）に気を向けて、競輪・競馬を廃止さすわけです。経済に魅力を持たせ、ソロバンに基づいた健全な投機心を培養し、不健全なる投機心理を国民の中から自然に消滅さすのが狙いで、私どもはそれが念願です。

立花　投機心理を助長するかと思ったのですが、そういうふうに転換していくとからみると結構ですな。

山崎　投機は表面から見ると派手やかですが、私がやっていることは、普通の地味な商売とちっとも変わらん。ソロバンを基本にやっている。相場はやはり人生そのものです。相場と苦楽、相場と人生を考えたら、これほど人生修業に良いものはない。ですからいくら儲けても、いくら損しても泰然自若です。そこに相場の真骨頂がある。失敗して自殺するのは人生勉強の足りない人です。儲けて奢るのも同様。十年一日のごとく、孜々《しし》として励まねばならない。相場は運だというが、運で金儲けのあるべきはずはない。われわれ幸運にして相場で儲かったとよく言われるが、幸運の生涯が続くわけがない。相場は努力と調べること以外にはない。
立花　水野君※（竹次郎、京都のコメ相場師で後に京都倉庫社長、大徳寺の檀家総代を務めた）でも夜中にばっと眼を覚まして、ガバと起き出し、庭に出て空を見ることがあるという。天候で米がどうなるか、気になって夜中でもおちおち眠れないそうです。

※「鵯《ひよどりごえ》越将軍」山内宇三郎と並ぶ京都を代表する大物相場師、大正時代に活躍した。車夫から成り上がり、「山内は太っ腹、水野はソロバン屋」の評。字は読めなかったが、書の鑑識眼には定評がある。

山崎　われわれの小僧時代も、主人の命令でよく天候を調べたものです。

山崎種二は明治26年、山崎宇太郎の長男として群馬県甘楽郡岩平村で生まれた。高等小学校を出て、伯父の山崎繁次郎が東京深川で経営する米穀問屋に入る。種二はこの伯父のもとで徹底的にしごかれた。当時、山繁は深川市場を代表する人物であった。新聞評が残っている。
「神田川に駒金氏（松村金兵衛）あり。深川に山崎氏ありて双豪おのおの南北の市場に雄視し、斯界（正米界）の泰斗と称せられる。松村氏の傲岸なるに比し、山崎氏は恭謙なり。前者の理想的なるに対して、後者は統計的なり。前者は主観論者にして、後者は実験派に属し、前者は常に定期（先物）界と関係を有し、後者は絶対的に投機を排斥せり」

新聞評だと山繁はやさしい好人物のようだが、種二には厳しく当たった。後年、種二が述懐している。

「主人の山繁さんは実に厳しい人でした。自分としては精いっぱい、いや人並み以上に努力したつもりだったが、ほんのちょっとした失敗も見逃さず、ビシビシ叱りつける。忙しいなどというのは言い訳にもならなかった。小僧から中僧になっても一向に変わらなかった。しかも、店の中、人前だろうと、何だろうと構わず怒られるのだから、たまらない」

鬼の〝山繁〟にしごかれる

種二にとってはまさに〝鬼の山繁〟であったが、外では「うちの種二はきっと大したものになる」と自慢げに話していたという。山繁は前出の新聞評にもあるように投機を嫌いサヤ取りに徹した。ヤマタネが後年サヤ取りで名を成すのは山繁譲りに違いない。山繁は限月間のサヤ、現物と先物とのサヤ、地域間のサヤに着目して機敏に行動した。市場の〝ゴミ〟と揶揄《やゆ》されるサヤの売買は大向こうをうならせる派手さこそないが、古来多くの富豪を生んできた。

不確実な巨利に見向きもせず、確実な厘毛をこつこつ積み重ねていく山繁の商法を種二はじっくり観察していたのだ。

ヤマタネが日本経済新聞に「私の履歴書」を書くのは昭和30年のことだが、それより先、やはり日経の「相場今昔物語」で半生を語る。

「私は明治41年に東京に出まして、米屋の小僧になった時は、仕手としては松辰(松村辰次郎)とか天一坊・松谷元三郎という大将がいました。そのころ生糸の取引所はあったんですが、綿糸の取引所はなかった。大衆が相場に手を出すにはコメ相場が一番よかった時代です。その後、コメは下がり、一番安くなったのは大隈重信内閣時代です。そこで大隈内閣がコメを買うというので当時の政商筋、賀田金こと賀田金三郎、新宿将軍・浜野茂、電光将軍・亀田介治郎、萩長将軍・萩原長吉というその道の猛者が出動しましたが、サッパリ上がらんのです」

松辰と天一坊のこと

ヤマタネの回顧録に出てくる松村辰次郎は松辰将軍と呼ばれる大相場師。屋号が「イ」だったため、イ（にんべん）将軍とも呼ばれた。余りモノを言わないので沈黙の英雄、つづめて「沈雄」とも称された。講談社の創始者、野間清治が若き日コメ相場にはまったのは松辰にあこがれたためだった。野間が自伝で書いている。

「当時松辰のことが毎日の新聞にはやし立てられていた。松辰が盛んにコメを売っていたという時代には、あの街へ松辰が姿を現しただけで、コメが下がるといったくらい勢いがあった。月島にある自分の別荘が焼けているのを眺めながら、松辰は平然自若として、蛎殻町で売った、買ったをやっていたとかで、『その胆及ぶべからず』と新聞に書いてあった」

そんな松辰の勇姿に野間は「よし、おれはあの松辰の何倍、何十倍のものになってみせるぞ」と奮い立ったという。だが、ヤマタネは松村のような思惑師の道はとらなかった。恐らく、松辰がほどなく没落し、寂しく蛎殻町を去っていく姿を見ていたし、伯父山繁から伝授されたサヤ取りの道を選択したからだろう。

ヤマタネ談話に出てくるもう1人の大物、松谷元三郎は松辰と同じ大阪出身の相場師で若いころは堂島米穀取引所を乗っ取ったりして、奇計策略、縦横無尽、法外の危険人物視されていた。大阪にいづらくなって上京、鎧橋周辺でまたまた大あばれするが、人々からは毛虫のように嫌われていた。明治42年に松辰と松谷が連合してコメの買占めに乗り出し、大乱戦の末、青木正太郎東京米穀取引所の理事長の首が飛ぶ大事件に発展する。ヤマタネは当時まだ小僧の時代で、山繁から叱られてばかりのころだった。

政商筋が活躍した時代

明治の後半から大正にかけてはコメ相場が最も賑わった黄金時代であるが、米価の調節は最重要政策課題で、どの内閣も頭を悩ませた。コメの取引は自由な市場経済の時代で、東京蛎殻町と大阪堂島のコメ相場は国民的関心事であり、そこで仕手として名を成すと国民的スターとして扱われた。また、政府は米価対策に仕手たちを使った時代でもある。米価が下がり過ぎると生産農家が悲鳴をあげ、逆に上がり過ぎると消費者が困窮する。そこで相場師の力がものをいう。ヤマタネがいう政商筋、つまり政府につながる相場師の活躍した時代でもある。その代表が新宿将軍・浜野茂であり、賀田金三郎であった。

第2次大隈内閣の発足した大正3年から翌4年がコメ相場のボトムで相場師たちの力によってようやく最安値を脱出するが、今度は一転コメ不足となる。やがてコメ騒動へと発展していくが、とにかくコメ相場が常に新聞ダネを提供するのが大正期である。ヤマタネは語る。

コメ騒動下の大物相場師

「そうしているうちに諸物価高でコメが暴騰し始めました。ここで有名なコメ騒動が起こったんです。大正7年8月5日の夜でしたか、富山県の漁師のお内儀さん連中が先頭に立って、米屋に『コメを売れ、高く売るのはひどい』といったもんです。これがことの始まりで全国的な暴動を巻き起こしたわけです。深川のわれわれの倉庫など、いつ暴徒に襲われるか判らんという騒ぎでした。そこで政府は外米――主にサイゴン米とラングーン米ですが――これを各小売業者に10俵ずつ売りましたが、徹夜でやったものです。そのころコメの買占めの第一線に立ったのが増貫こと増田貫一で、暴利取締令違反で引っ張られたんです。政府は買占め業者を引っ張ればコメは安くなるという考えだったのでしょうが、増貫は『コメをこんな安い値段にしておくのは怪しからん。自分の見込みで買っているんだ』と頑張ったものです」

表1を見ると、長い米穀取引所の歴史で大正6年に記録した出来高9936万石は史上最高で、年間出来高上位五傑はいずれも大正年間に記録されている。米穀市場を彩る仕手（相場師）の顔触れも明治期とはガラリ変わって岐阜県出身の増田貫一、三重県出身の岡半右衛門、伊藤延次郎、滋賀県出身の石井定七らが主役を演じるようになる。ヤマタネは語る。

表1　東京米穀取引所の出来高（千石、左）と相場（先限、年平均円）の推移

明治 41年	13,577	15.56
42	16,645	13.67
43	16,260	13.67
44	20,621	16.91
大正 1	27,328	19.58
2	19,416	19.68
3	25,661	16.10
4	55,287	14.14
5	87,964	14.89
6	99,368	20.46
7	48,273	28.39
8	48,726	38.17
9	72,165	36.50
10	70,478	32.29
11	81,095	33.07
12	55,063	34.10
13	53,979	38.55
14	47,235	40.19
15	41,619	37.66
昭和 2	39,982	34.67
3	40,882	31.06
4	39,750	28.99
5	49,668	24.16
6	47,179	19.78
7	56,112	23.87
8	34,729	24.11
9	31,742	26.73
10	27,654	30.41
11	22,582	31.64
12	27,889	33.12
13	15,046	35.46
14	1,443	37.13

「昔から伊勢、桑名からは相場の名人が出ています。伊勢からは明治時代に諸戸清六が出ましたが、コメ騒動当時は岡半こと岡半右衛門が増貫とともに買占めをやっていました。この買占めには時の農商務大臣仲小路廉も負けたと覚えています。なにしろ増貫は『買ったのはどこまでもオレの信念だから絶対に売らん』と言って、売らなかったんですからね。そのくらい昔の相場師は信念が強かったものです」

暴利取締令第1号の岡半

コメ騒動勃発の半年前、大正7年1月、仲小路農商務相が真っ先に槍玉に上げた相場師は岡半だった。1月31日付東京朝日新聞の社会面トップを飾ったのは全国米穀取引所仲買人大会の記事で、岡半は大島つむぎに仙台平といういでたちでテーブルをたたきながら長広舌をふるった。

「大隈さんが米価調整で500万石も買占めたんじゃありませんか。それだってなかなか値が上がりやしなかった。私が15万石買ったって、何も私が値を上げたって訳じゃない」

東京朝日新聞は「暴利取締令は違憲なり」と題する社説で岡半を擁護した。

「いわゆる暴利取締令はその根本において憲法違反にして、当然無効となるべきものなり。今回の岡半事件のために恐慌を起こしたる全国の米穀取引所仲買は、この理由をもって、これの全廃運動をなすべく、貴衆両院議員もこの点に関して大いに理義を明らかにし置かざるべからず。しからざれば、将来に悪例を残すに至るべし」

憲法の保証する「営業の自由」を踏みにじるものだと朝日新聞は主張する。

「岡半なる一米商がこの違憲的暴令のために、取引所において買い付けたる米穀を引き取る能わざるのみならず、今後3カ月間米穀取引所において商行為を禁止せられたるが如きは、はなはだしき違憲に非ずや」

朝日新聞は「岡半に対して、社会道義上の〝忠告〟ぐらいならいいだろうが、強制転売や営業停止は論外だ」と強硬である。当時のコメ相場師に対するマスコミの目はぬくもりが感じられる。

岡半に次いで暴利取締令でやられるのが増貫こと増田貫一。ヤマタネが信念の相場師というだけあって肚が座っている。取材に集まってきた記者たちに憤懣をぶちまけた。

「暴利取締令は事業家の意見を聞くこともなく、単にテーブル上の考えやったもので、米価の調節ができるものではない。天下のコメはいかに大臣が騒いだとて、どうなるものか。自然の需給で決まるものだ」

そして増貫は不気味なコメ相場暴騰を予言する。コメ相場を無理やり抑え込もうとすると、夏場の端境期にコメ不足で大変なことになりますぞと。米価が1石当たり30円台に高騰した時点で岡半を市場から退場させ、40円台に一段高となったところで増貫を血祭りに上げ、懲役2月に処し、50円台に上がって伊藤延に暴利取締令を適用する。

だが、一向に米価が鎮静化する気配はない。そればかりか、増貫の予言通りに米価は上昇を続け、とうとう8月にコメ騒動が日本列島を燎原の火となって駆け巡る。その項点が神戸の鈴木商店焼き打ちとなる。

そしてヤマタネの初勝利が近づいてくる。横掘将軍・石井定七のコメ買占めに売り向かった時だ。

石井定七に売り向かう

「大正10年か11年ごろのことです。石井定七という借金王が現れました。コメが非常に不作でオレが買えばまた相場が上がるという見通しだったんでしょう。大阪、東京の定期（先物）市場で100万石くらい買いました。そこで実米（現物）筋が実弾（現物）を売りつないだわけです。こうして石井が買い上げたので、結局、コメをうんと背負わされた形になったのです。100万石のうち現品を55万石ぐらい引き取りました。買い思惑は先物市場では成功しましたが、米俵の重いものを背負い込むと、品痛みはあるし、倉敷料や金利がかかるというわけで、あとがいけません。明治時代に松辰も天一坊も失敗したものです。大正時代に大隈内閣が買っても、なかなか上がらなかった。石井もコメの買占めに失敗して明治維新以来の借金王になりましたよ」

石井定七の現物米の受け代金は当時のカネで2300万円に及んだ。今日だと、ざっと500億円に達する巨額で、「すごい。さすが横堀将軍」と賛辞を浴びるが、現物を処分する時点で様相は一変する。ヤマタネは満面に笑みをたたえながら往時を語る。

「石井定七は買占めたコメを自分ではどう処分することもできない。結局、その売りさばきの役目は我々、実米筋のところに回ってきた。自分たちがいったん売ったコメをもう一度売ることになった。往復の商売である。こんなうまい話といったらない。店は創業以来の景気、勤めてから最高の賞与をもらった」

石井は堂島の借りを北浜で返すとばかりに新鐘（鐘ヶ淵紡績新株）を買占めにか

かる。２００円そこそこだった新鐘が石井の買いで値を飛ばす。石井にチョウチン筋が群がり、４７０円に噴き上げる。この時、石井は高知商業銀行をはじめ50余の金融機関から融資を受けることに成功する。ヤマタネは「借金するのに担保を二重に使って実に鮮やかに銀行を利用した。稀にみる相場師であると同時に、計算に明るい人であった」と妙なところに感心している。

31歳で独立、開業

高垣甚之助に逆転勝利のヤマタネは大正13年独立、山崎種二商店を開業する。31歳のことだからおくての方である。

「私がコメ相場でケンカの味を覚えたのは三巴一派の活躍した大正14年高垣甚之助の戦いのあとだ。萩長、小河謙、杉本さんが買い方で、塚越、吉川さんが売り方であった同15年の11月限の受渡しでごたごたの起きた時です。塚越、吉川さんたちの渡し米の調達係として奔走し、証券提出期限が迫ったところで倉入れしてぎりぎり間に合った。買い方は渡し米不足と信じ切っていたから、倉荷証券が全部揃ったということが伝わると、先限はいっぺんに急騰した。ところが、荷役の終わっていない船が１隻あるという噂が流れると、受け方は現場をおさえて渡し方をとっちめてやろうと、活動写真機を持たせて水揚げ状態を映して来たが、すでに倉庫の中に納まっていると分ってガッカリしたのである」

昭和に入ってヤマタネの快進撃となるが、昭和3年、高垣甚之助の買占めに売り方ヤマタネは苦しめられ、ドタン場で逆転勝利する。

「昭和3年でしたか、高垣甚之助の買占めが始まりました。コメの思惑の裏にはいつも政商筋がいるもので、そのときも久原房之助さんなどの政商筋がうしろにいたようです。ところで、夏場の天候が見事に回復して、大凶作から平年作以上の作柄に持ち直したものですから、相場は暴落し、コメの市場も立会っては停止し、停止しては立会うという始末で、挙句の果ては総解合ということになりました。ところが、買占め派に向かって売りつないだ実米筋は承知しないので、結局、35万石の受渡しをしました」

高垣甚之助は数多くの相場師を輩出している和歌山県出身で、明治43年郷里の先輩川北徳三郎を頼って上京、大正バブル相場で大儲けする。昭和3年のコメ相場でも初め勝利するが、土用の天候一発で下落に転じ、高垣はあっけなく破綻、ヤマタネたち実米筋の逆転勝利となる。この一戦は兜町でも大いに話題となる。長谷川光太郎が「兜町盛衰記」に書いている。

「実米筋は9月限では惨敗を喫しましたが、10月限では既に買占め派がお手上げとなり、売り方へ泣きを入れましたが、木村徳兵衛さんはじめ実米派が〝冗談じゃごわせん。味噌汁で顔を洗って出直してこい〟となりました」

「泣きを入れる」とは解合を申し入れることで、相場師にとってはこれ以上の屈辱はないが、背に腹は代えられず、白旗を上げ降参すること。初め解合を認めてやろうということになるが、深川実米筋の大御所、木徳こと木村徳兵衛が「まかりならぬ」と応じず、35万石の現物を高坦たち買い方が引き取ることになって破綻する。ヤマタネの回顧録は勝利の記録でもある。

このころヤマタネは報知新聞経済部記者の取材を受ける。その戦法を語る。

「仕掛けの原則は、定期（先物）・正米（現物）のサヤ取りです。時に応じてつなぎ玉を手仕舞って正米だけ持ったり、正米を売り放って定期の分を残したりします。正米を買い持ちした上に定期をも買う、見込みが外れた場合に破産の恐れがあるから、買うのは正米だけにして定期は売るものというのが正米師の定石です。

思惑としてはサヤ変わりを狙って出動するのがよいと思う。値ごろが届いてサヤ変わりか、日数が回ってきてのサヤ変わりか、サヤ変わりの正体をよく観察する必要がある。時期が熟して転換する相場は大きいから、これさえ見極めて取ったらしめたものだ。大勢が味方してくれる。細かい駆け引きはそれからのことです」

また、「渡し米の名人」との世評が高まるなか、ヤマタネは実弾をぶつける秘術を公開した。

「渡し米はすき腹にぶっつけては効果はありません。やはり機会に投じなければならない。まず渡し米に適するコメがどれだけあるか、コメはあっても手放すものか、手放さないのかという点をよく見極めておいて、1万石の実弾を買うと決した場合には、2万石売り建てしてもよい。それで相場が高くなり、コメの持ち主がふらふらになったところで取り切るという段取りです」

生糸の吉村将軍が蛎殻町に登場

「さて、その後に生糸の吉村友之進が登場しました。昭和4、5年のコメの大豊作と金解禁による商品安を見込んで、1石40円ぐらいから14円まで売り通したものです。売り思惑の大きなものとしては、これがまあ、最初のものだったでしょうね。私も当時、金解禁による商品安を見込んで一緒に売り方針で戦いましたが、買い方が参ってしまいましてね、確か22、23円で総解合となりました。これが第1回の売り思惑です。そして2度目の思惑に入りました。その時吉村が15、16円から売りましたが、新しい買い方が現れて、吉村は失敗に終わりました。これは政府が一緒になって、コメの買い上げをやったからです」

吉村友之進は高垣と同じ和歌山県出身で、実家は大きな製糸業を営んでいて、社長に就任するが、1年の大半は横浜に出て生糸相場に明け暮れる。吉村将軍と呼ばれ、ニューヨークにまで、その名が轟いていた。戦後国務大臣を務めた石黒武重（後に横浜生糸取引所理事長）がニューヨークの生糸取引所を訪ねた時、「ヨコハマにはヨシムラというグレート・スペキュレーター（大相場師）がいて コジマと2人で相場を動かしている」といわれた。

コジマとは小島兼太郎のことで、電光将軍の異名を持つ剛の者。吉村は生糸相場では群を抜く勝負強さが光るが、弟が蛎殻町でコメ相場師をやっていた関係で、時々コメも手掛ける。ヤマタネによると、最初の売り仕手として颯爽たる英姿をみせたが、2度目には失敗、その後は横浜にとどまり、蛎殻町に寄り付かなかったようだ。コメ相場に統制色が強まり、魅力が薄れたことも吉村が蛎殻町を去る要因だったかもしれない。

当時の有力経済誌「実業之日本」がヤマタネに注目するのは、昭和10年のことだ。「近頃がっちり成功伝、小僧からたたき上げた株界の驍将、山崎種二君奮闘録」

と題し、こう持ち上げた。

「深い研究を持ち、眼力があり、機知があり、決断力があり、これらすべてを基準とした判断が、その勝負の分かれ目となる。だから相場術における勝負は男と男の勝負ということになる。見栄も外聞もなく赤裸裸なる男同士の取り組みだからだ。最近の株式界を見渡してそのファーストプレイヤーとして成功した市場人の第一にあげられることに山崎種二君がある」（6月号）

「蛎殻町の至宝」川口関之助

昭和10年10月、「実業之日本」誌のライバル「実業之世界」誌が「米穀界・株界の花形」ヤマタネにインタビューを試みる。
問い　一番きれいなやり方の相場師はだれですか。
山崎　そうだね。川口関之助老かね。嘉永生まれの80歳を超えているがね。日本一の高齢相場師でもある。それに相場が何より好きで、365日、降っても照っても張る。それで損はしない。大玉が多いというのだから蛎殻町の至宝だね。
問い　それで、本格的な相場師というと結局だれになりますか。ヤマタネさんのような型は別として。

山崎　田中貞二さんはえらい相場師だね。馬越老人は攻める相場の達人だが、田中貞二さんは割り取り（サヤ取り）から出発した大勝負の型だよ。昔の浜野茂の型だ。とにかくでかい勝負の第一人者だ。

問い　明日からご旅行とのこと、堂島の動静でも視察ですか。

山崎　いや北陸だ。あちらの米作状態でも見ようと思って。多忙の折だから2、3日ですぐに帰るよ。馬越さんは塩原で避暑しているがね。

一問一答に登場する相場師連に触れておこう。ヤマタネが「蛎殻町の至宝」と称える川口関之助は伊勢の出身、変幻自在の電光主義で「ドテン砲」とも呼ばれた。また田中貞二は中京の雄、岡地の創業者。馬越老人とは「蛎殻町のモンスター」と呼ばれる馬越文太郎で常に長者番付の上位にランクされていた。

昭和14年には米穀取引所の灯がかき消されてしまうが、その前に怪人伊東ハンニが登場、ヤマタネと大勝負を演じる。

怪人伊東ハンニと大勝負

「今度はひとつ、伊東ハンニさんに登場してもらいましょう。この人は昭和7年にコメが不作だったのと、金の輸出再禁止を入れて物価高を目当てにコメの買占めをやりましたが、これはあまり大きなものではありませんでした。ところが、当時は怪物として有名だったし、また有名なためか表面に名を出さんのです。そこで初めのうちは『黒頭巾の買占め』といったものです。つまり覆面というわけですな。しかし、だんだん調べていくと、買い本尊は伊東ハンニと判りました」（日本経済新聞社編「相場今昔物語」）

伊東ハンニ（1898〜1970？）は三重県出身、本名は松尾正直。「伊東阪二」を名乗る。故郷の伊勢の「伊」、ゆかりの東京の「東」、大阪の「阪」、2つの都市で名を挙げるべく「二」の四文字を並べた。当時、予言者として名高かった東大出身の隈本有尚の弟子となり、占星術を身につけて相場界を制圧しようと企らむ。

ハンニが大勝利を収めるのは昭和6年のことで、フーバー景気（フーバー米大統領の景気対策で一時的に高揚を示した）で200万円儲け、金輸出再禁止が発表されると諸株は奔騰、ハンニは150万円の儲けを手にする。翌7年には、帝国ホテルの自室に日本国民社を創立、「世界一の大雑誌」と銘打って月刊「日本国民」を創刊、勢いに乗ったハンニは徳富蘇峰の「国民新聞」を買収、マスコミの寵児となる。

ハンニ、槿花一朝の夢

当時の新聞は「一文なしのプロから万と積んだブルに一足飛び、幸運はひた走りに集まってきて……」と持ち上げるが、ヤマタネとコメ相場で死闘を演じ、致命的なダメージを受ける。

「新聞や雑誌は損してもよい。相場で儲けるから」とうそぶいていたハンニだったが、「売りのヤマタネ」を相手に命脈は尽きた。「日本国民」は半年で休刊、「国民新聞」も4カ月で撤退を余儀なくされ、槿花一朝の夢は終わる。

そして、ヤマタネの印象に残る相場師に長岡の川佐こと、川上佐太郎という豪傑がいた。コメ騒動の時に焼打ちにも遭うが、長岡米穀株式取引所を根城に大きな相場を張った。新潟県はコメどころだけあって、取引所も新潟、直江津、長岡、柏崎と4カ所もあった。

新潟米穀取引所の理事長だった坂口仁一郎は小説家坂口安吾の父親で、新潟新聞社長のかたわら、県議、衆議院議員でもあった。安吾の祖父に当たる得七が相場師としても鳴らした。

「阿賀野川の水が尽きても坂口家の金は尽きない」といわれるほどの富豪だった。

だが、祖父得七の投機の失敗で、坂口家の家運は傾き始める。

古米を東京に移送、巨利占める

大正14年のことだが、大阪に思惑筋が買占めたコメの残りものが大量にあるという噂がヤマタネの耳に入る。だが、古米で取引所の受渡しにも使えないコメだということだったが、ヤマタネは倉庫をよく調べてみた。

「私は自分の名前を隠して、その倉庫を調べてみました。前の方の俵を除くと、次の俵はいいコメなんで少しも傷んでいません。この時、10万俵ばかり買って東京へ持ってきました。端境期でもあり、東京はコメが高い。東京の買占め派は絶対にコメはないと安心していたところへ10万俵のコメが来たというので大暴落しました。私はその前にちゃんと清算市場へ売りつないでおきましたが、これが非常に当たりまして、当時のカネでざっと50万円儲けました」

ひとくちに10万俵というが、15トン車1両に積めるコメは100石（250俵）。30両で7500俵だから、30両つないだ列車が東海道を15往復した計算になる。当時の50万円は現在の価値に直すと、10億円を超すだろう。

三重のお天気婆さんのこと

「ひと勝負で一番儲けたのは、当時の金で100万円（現在なら20億円くらいか）が限度だったでしょう。株の10分の1程度ですが、あのころコメ相場で100万円儲けたといったら大変ですよ。株式より儲けの額が小さいのは、コメ相場をやる人の範囲が狭かったことと、仕手の力が弱かったことによりましょうね。

株は買って値下がりしても、そのまま持っておれば、配当は来るし、そのうち値上がりもしますが、コメ相場はなにしろ1年草を相手に思惑やるだけなんで、相場師の栄枯盛衰はほんとに激しかったですね」

ヤマタネが東京深川へ出てきた当時の思い出を語る。

「昔、三重にどうしてコメ相場の達人が多かったかといいますと、あそこは気象を早くから勉強したからです。それにお婆さんの上手なのがいましてね、『あすは台風が来るよ』と知らせます。電話もなにもないところですから、旗を振って教えるんです。それと連絡をとって桑名や四日市のコメ相場は全国の相場をリードしたというのが、私の東京へ出てきた時の話でした」

お天気婆さんがあたかも占い師のようにコメ相場師たちの命運を預かる光景は

少々こっけいだが、相場師たちは必死で婆さんのご託宣に聞き入ったことであろう。桑名には昔から「夕市」というのがあって、夕刻立つコメ相場のことだが、翌日の堂島や蛎殻町相場の先行指標として衆目を集めた。その背後には天気予報に長けた婆さんの活躍があった。ズバリ的中した時には、相場師たちは祝儀をはずんだことだろう。ヤマタネは語る。

相場師もビクビク、夏海上

「8月、9月の暴風雨の季節には店にある晴雨計のメーターと首っ引きになったことがよくあります。地方を回って教えられたのは、汽車から青田へ一銭銅貨を投げてみて、それが稲に引っかかって水の中に落ちずに途中で止まるか、どうかでその作柄をみるということでした。夏海上といって、8月から9月の天候が一番大事なんです。だから明けても暮れても天候とにらめっこです」

昔の市場用語事典には必ず「夏海上」（または「大海上」）ということばが収録されていた。

「相場用語。コメ相場に用いられ、天災期のうち夏土用以後の時期、すなわち、7、8、9月の3カ月間を指す。この時期は天候の順逆によって、コメ相場が大変動することが多いため、あたかも海上を漂う不安な季節という意味から起こったものである」

この時期は度胸のある相場師でもびくびくして海上を横切るような恐いシーズンで、この用語が生まれた。

閑話休題。慎重のうえに慎重を期したヤマタネが失敗するのは昭和9年の関西暴風雨の時である。台風が大阪湾から神戸に上陸し、北陸へ抜けたが、大阪に電話すると、「大したことおまへん」という。「津波が来たそうだが、相当ぬれたそう」と聞いても「いやもう水は引きました」。大した被害がないにしては相場は相当高値をつけている。それなら売りだ、と売りまくった。これが失敗のもとだった。

「電話と事実はえらく違ってましてね。コメ俵は倉に10俵から12俵積み重ねてあるんですが、水が一度入って3尺から5尺くらいぬらして引いてしまったので、よく分からなかったわけです。それを売り込んだから大失敗で、これは気象の見損いじゃなくて、現実の被害の見損いでした」

雑株のヘッジで新東を売る

ヤマタネが株で伝説的な大勝利を収めるのは昭和11年2月のことである。当時、コメ相場は統制色が強まり、市場人気はすたれていた。3年後の昭和14年には全国の米穀取引所は一斉に解散に追い込まれるのだから、相場師たちはもっぱら兜町に向かっていた。

コメと株と双方を手掛けていたヤマタネも当然株に比重がかかる。当時ヤマタネは紡績、砂糖、鉄道、海運など〝雑株〟を2000万円くらい持っていたが、そのヘッジとして新東株（東京株式取引所新株）を20万株も売り建てていた。

新東株は今日の日経平均株価（225）に相当する指標銘柄で値動きも派手だし、取引も盛んだった。歴史に名高い2・26事件が勃発した時、新東の売り方の筆頭がヤマタネであった。

「たちまち市場は大混乱に陥って、新東はじめ郵船、新鐘などの花形株は一斉に崩落し、立会は中止されて、13日間の長きに及びました。私は自分の手持ち株を新東はじめ花形株の高いものだけに売りつないでいたので大きな利食いをしたことになりますが、市場の混乱を収束する関係上、取られたのは新東株の解合で、わたしは売り方筆頭として、極めて心のびのびと、これに応じたものです」

解合の方法は総解合ではなく、半数解合だったから、ヤマタネは10万株ほどの解合で、数百万円（現在なら数十億円）の巨利を博し、「コメのヤマタネ」から「株のヤマタネ」と称されたほどだ。ヤマタネが株式市場に進出して3年目のことでもあり、兜町の連中にすれば、新参者にやられた、との思いが強かったに違いない。

憲兵隊から呼び出し

「ヤマタネは2・26事件の突発を早耳で知っていたんじゃないか」とか「叛乱軍と特別の連絡があったんじゃないか」とか「運動資金も相当出したそうで」といったデマが兜町が広がっていく。

「口うるさきは兜スズメの常、すぐに儲けた人をかれこれほじくりたがるのです。そんなデマが飛んでいるとは、小耳にさえ挟んでいなかった私に、突然、麹町署憲兵隊から呼び出しが来ました。ハテ面妖な……といぶかりながら、泣く子も黙る憲兵隊へ出頭に及ぶと、『君は叛乱軍に軍資金を提供したそうだが、白状したほうが身のためだぜ』と隊長直々の取り調べです」

そしてこんなやり取りに発展する。

山崎「わたしの如き素町人が、なんでそんなお偉方に連絡などつけられましょうや。とんでもないお疑いです」

憲兵隊「君、そうシラを切っちゃいかんよ。この通り証拠がある。君は叛乱軍と関係があるんだろう。久原房之助に融資しているそうではないか。久原は叛乱軍の関係者をかくまっている。一体どうなんだ」

驚くなかれ、368通に及ぶが投書をつきつけられた。世間がそこまで疑っているのなら、と開き直ったヤマタネは、「新東の売りが所有する雑株のつなぎ売りである」ことを証明するため、帳簿類を総点検し、新東売りのスタートが昭和10年10月のエチオピア戦争以前にさかのぼることを立証し、青天白日の身となる。

ヤマタネの相場道がソロバン一途によって成り立ったもので、政治的陰影とは無縁ものであること納得させるために往生した。

筆禍事件で〝村八分〟

2・26事件で奇利を博し昭和の成金王の1人に数えられたヤマタネが筆禍事件で営業停止を食らう。ヤマタネのいう兜町から「村八分」にされたという一件とは――。

「もともと私は蛎殻町、米屋から兜町に進出したいわば、〝場違い筋〟であった。それが兜町のご神体ともいうべき、新東、それも大事なメシの種であった新東を売りたたき、儲けたのだから総スカンにされたのも無理はなかった。なにしろ新東の

2銘柄の商いが全取引の2割を超えた年もあったのである」

ヤマタネは顧客サービスのため毎月発行しているヤマタネ月報で「取引所改革は自然のすう勢で新東なんて株は時代に取り残された株で将来はタダになるだろう」といった観測を載せたのである。ちょうど、そのころ朝日新聞が政府の取引所改革案を素っぱ抜いて兜町が大きく揺れていた時だったので、ヤマタネの月報記事に兜町の仲買たちは怒り心頭に発した。

新参者の〝米屋町筋〟に兜町のご神体ともにいうべき新東でさんざん儲けられたうえに、新東をコケにするような記事を書かれたとあっては、地場は黙過することはできない。資産1000万円と称され、麴町三番町に豪奢な邸宅を構えたうえに、兜町には5階建てのヤマタネビルを新築するなど羽振りの良さをみせつけていたので、ヤマタネは羨望の的であった。

東株の取引員組合ではヤマタネ除名論も飛び出すほどだった。あわてたヤマタネは主な組合員を回って平身低頭、弁明に努めたが、大勢は1年間の営業停止に傾いた。この時、ヤマタネの〝減刑〟に動いてくれたのが、やはり米屋町出身の鈴木由郎であった。

身にしみる片岡辰次郎の大岡裁き

当時の「実業之日本」が書いている。

「鈴木君の奔走といま一つ兜町の大久保彦左衛門をもって自他ともに許している組合委員長の片岡辰次郎君が組合の総会の席上、ヤマタネの1年営業停止に対し、指三本出して、これで良かろうと切り出した。3カ月営業停止で落ち着いた。ヤマタネ君もとんだところでヒドイ目に遭わされたものだが、彼はその後神妙に謹慎した甲斐あって、その誠意を買われ、1カ月の営業停止で勘弁されたのは、まずはめでたい」

ヤマタネの筆禍事件で大岡裁きをみせた片岡辰次郎はこう言ってヤマタネを諭したという。

「相場は相場、ヤマタネは堂々と儲けたのだからそれはそれでいいだろう。だがなあ、ここに池があって鯉が100尾いたとする。そして釣っている人は80人としよう。その中の1人が腕がいいんで50尾も60尾も釣り上げちゃった。あとはどうなるんだい。獲物なしの人が大勢出てきちゃうじゃないか。皆は一体どんな気持ちになるだろうか。そこを考えなさいよ。これからもあることだからね……」

シマを取り仕切ってきた片岡辰次郎の言葉は後々まで身にしみたという。

片岡辰次郎については石山賢吉（ダイヤモンド社の創業者）が次のように証言している。

「気性はさっぱりして、竹を割ったような男じゃよ。それで無遠慮に口を利くから、皆が大久保彦左衛門というのじゃ。人に嫌われそうで、人に好かれる特徴を持っている。大正9年に大解合のあった時臨時委員に引き出されたのが始まりで、それからずっと兜町の口利きとなっている。生まれは愛知で、東京へ来たてのころ、山一の小池（国三）の世話になってた。山二という片岡の屋号はその辺から出ているらしい」

永井荷風の日記に「片岡は磊落なる相場師肌の人にて、余の小説を愛読せり」とあるのは、荷風の取引先が片岡の営む仲買店であったからだ。山二は今も東証のそばで営業を続けている。

日活株の大仕手戦

昭和11年の2・26事件のあと日活の大仕手戦でもヤマタネは大きな働きをした。実はヤマタネが麹町三番町に自邸を新築した時、日活の堀久作（のちに専務から社長）と隣り組になり、交遊が始まる。そして堀が日活の株集めにヤマタネの力を借りることになる。

堀「日活の株を買ってもらいたい。値下がりのひどい先限を買っておいて、これが決済月に回ってきたら現物を引き取る。もし、これまでのところで株価が上がって利食いできるようなら、売ってその利益を半々にしよう」

ヤマタネにすれば、こんなおいしい話はない。手数料をもらったうえに、場合によっては差益金ももらえる。ヤマタネは深く静かに潜航して株を根気よく買い続けた。2年かけて6万株ほど買った。当時、日活の発行株数は16万株だからまだ目標には届かない。ところが、堀の資金が続かない。東宝社長の小林一三や千葉銀行の古荘四郎彦頭取にも資金援助を仰ぎ、株集めは続く。ヤマタネは語る。

「兜町だけでなく、大阪の北浜、名古屋の伊勢町でも買って、買って買いまくった。……株価の方はいつの間にか100円台へ、そして120円まではね上がった。買い始めたころは14円に過ぎなかった。売り方は窮地に立った。買い方は株集めが目的である。利食いの売りも出てこない。踏もうとしても売り物なしだ。堀さんが買い集めた株は最終的には8万株を超え、筆頭株主の地位に収まった。売り方はついに解合を申し入れた。しかし、堀さんはガンとして応じなかった。結局、兜町以外で買った分については解合をしたものの、兜町で取引した分は何としても株を引き取るといって頑張った」

株集めの後半戦になって、ヤマタネは松竹の大谷竹次郎からも「日活を買って欲しい」と注文を受けた。ヤマタネは、堀久作が松竹の大谷には絶対、日活を渡さないといって株集めに奔走しているのは百も承知のうえで、大谷から注文を受けた。

後になって、堀はこのことを知ると、「君は一体、どっちの味方なんだ」となじった。その時ヤマタネは「相手がどなたであろうと、注文をもらえば商売をさせていただきます。それがブローカーです」と平然として答えた。

ケンカになっても不思議でない場面だが、堀は「いろいろやっかいになったな」といって礼を述べたという。この堀の寛容な態度にヤマタネはいたく感銘を覚えた。「できそうでできない話である。私は改めて、大した人だと感じた」

この日活大仕手戦では丸荘の林荘治が買い大手として巨利を占めた。林は関東大震災のあとの復興景気に乗って大当たりを繰り返し、一挙にのし上がってきた。「昭和の当たり屋」と呼ばれた男である。ヤマタネも多額の手数料を稼いだうえに堀にチョウチンをつけて「相乗り」した儲けも加わって30万ほど儲かった。現在の価値にして3億〜5億円といったところか。

堀久作の回顧談

ところで、買占めの本尊、堀久作が往事を語っている。

「昭和13年の秋だったと思う。僕が日活を少し買おうと思って、当時の片岡辰次郎、松島、大阪の加賀に注文を出した。その時はなるべく数が欲しかった。金儲けより、数が欲しいというので秘密に注文を出した。それが段々、分かってきて『堀が日活を買っている』ということになってきた。当時の日活の経営陣は大阪の興業師で森田佐吉という人だったが、実権は松竹に握られておった。そこで、松竹の大谷竹次郎も、堀が買っているなら、自分も買おうというわけで、当時16円ぐらいの株がぼつぼつ上がり始める。32、33円のところまで来たら、相当カラ売りしてきたね。その時の日活は破産しかけていた。最低の時はタダの4円50銭だった。破産しかけている会社がどんどん買われ、50円くらいになると、相当カラ売りが出てきた。大谷氏も夢中になって買ってきて、両方で株の争奪戦をやったが、市場は総売りだ」

売り向かったのは地場筋といわれるプロの相場師たちである。株集めの注文を受けた片岡辰次郎も個人的にはカラ売りしたほどだから、堀、大谷の買いに地場総売りの図である。地場の消息通が堀の資金繰りを探ったらメインバンクの武州銀行(現りそな銀行）の堀の口座には1銭もなかったので、安心して売り向かったらしい。

「結局、93円までいったね。そこで現物取引員組合の委員長をやっていた河野担之助と長期取引員組合の委員長をしていた片岡辰次郎が僕のところへやってきて、解合ってくれというわけだ。僕は『解合うわけにはいかん』と断った。すると、『日活の将来のためにもよくないし、日活だって兜町を敵に回しても仕方がないから……』といって解合ってくれというんだ。だが、僕の鼻息は荒い。『バカなことをいうな。外国へ行くと日本からの通信のことを日本電報とはいわない。東京電報という。その東京の取引所が売買を成立させておいて、品物がないから渡さない、解合ってくれないと、アトのためにならないとは何事だ。おれは断じて解合はやらぬ』といったところが、2人は『いや、少し言い過ぎた。悪かった』といって謝った」

日活株は上場廃止

東京以外の分は120円で解合い、東京は最終値（93円）で全株、堀が買い受けた。堀の受けた株の中には大谷竹次郎の名儀のものも混じっていた。売り方が大谷に泣きついて株を譲り受けたものだろう。結局、大谷が5万株、堀が8万株を買占めた。浮動株がないから市場での売買には適さないという理由で東株は日活株を上場廃止にしてしまった。堀久作は8万株を背景に日活に復帰、大谷竹次郎会長のもとで取締役に就任する。昭和16年のことだ。同18年には専務、終戦後、社長に就任、「日活の堀久作か、堀久作の日活」と呼ばれるほどの日活への打ち込みようであった。

ヤマタネが兜町入りした直後に起こった筆禍事件についてはすでに触れたが、ヤマタネにとってはよほどショックだったとみえる。第2次大戦後、大神一・山一証券副社長（後に社長）と「戦前の兜町」について語り合った時も、真っ先にこの事件を取り上げた。

山崎「例のヤマタネレポートというものを出しまして、新東株を攻撃したため、それで叱られたことが兜町に来て一番初めです。そのあとでもチョイ、チョイ叱られておりますが、筆禍事件のときは、山一の杉野喜精社長（後に東京株式取引所理事長）のところへ行きまして、私の言ったいろいろのことが悪意でなかったこと、ちょうど野田経済研究所の野田豊君に原稿を頼んでおいたのを、私の知らぬ間に店の編集係の者が出したことがはっきり分かりました」

ヤマタネが兜町入りしたのは昭和8年のこと。この年、コメの管理が強化され、コメ相場の先行きは妙味なしとみて、株の世界に乗り込んできた。当時、東株一般取引員組合の委員長は前出の杉野喜精、副委員長が徳田昂平であった。徳田は徳田商会で、のちに株式取引所が合併して日本証券取引所になった時、総裁を務める人物。ヤマタネは杉野や徳田、小布施新三郎（二代目）の世話になりながら、兜町で着々地歩を固めていく。

兜町の全盛期は郷理事長の時代

ヤマタネと大神一山一證券社長の話を総合すると、兜町の全盛期は郷誠之助が東株理事長を務めた時代だったという。郷が東株理事長に就任するのは明治44年で、退任するのが大正13年だから、大正期が兜町の黄金期といえよう。郷の後任となる岡崎国臣の時代も金融混乱期で株式取引も盛んだった。

山崎「株式取引所は郷さん、米の取引所は同じ番町会※の永野護さんがおさえておった。永野さんが米穀取引所の常務理事で、それで郷さんが両方をおさえておったんだろうと思っています」

※番町会　第2次世界大戦前、財界の巨頭として知られた郷誠之助を中心として、財界のあっ旋、調停などに活躍した少壮実業家のグループ。東京番町の

郷男爵邸で毎月18日に会食したことからその名がある。この会は、永野護、河合良成、長崎英造、正力松太郎、小林中ら気鋭のメンバーを含み、政商的性格が強かった。台湾銀行から帝人株の払い下げをあっ旋し、これが昭和9年帝人事件に発展して有名になった。

永野護と米穀取引所

東京穀物商品取引所の元理事長、石田朗氏の労作「東京米穀取引所　戦前の理事長」でも永野護のことを取り上げている。永野は常務理事でありながら理事長に匹敵する存在感があったことや、その後の財界での活躍振りからあえて取り上げたのであろう。石田氏の著作に沿って永野と取引所のかかわりをみておこう。

永野護（１８９０〜１９７０）は明治23年、島根県浜田市出身、大正４年東大を卒業すると、渋沢栄一の秘書として渡米、帰国後は東洋製油の重役となる。同13年東京米穀商品取引所監査役、同15年理事、昭和3年支配人を兼ねる。同4年常務理事、同6年監査役、同9年河合良成らと帝人事件に連座して退任。

永野が東米の役員を務めた10年間に理事長は指田義雄、窪田四郎、三浦大五郎、早川芳太郎と4人を数えるが、東米が最盛期を過ぎ、衰退期に向かい、取引所運営者にとってはおもしろい時期ではなかった。永野が監査役、理事、支配人、常務理事と職種を変えながら取引所運営を支える間、一貫して上田弥兵衛が常務理事として事実上の采配を握っていたので、永野は上田を支える立場にあったといえるだろう。

帝人事件で東米を辞めた後、昭和12年完全無罪になると、山叶証券専務など多くの会社の重役を務め、政界に進出、昭和33年には岸内閣で運輸大臣を務めた。

「このように永野護は政財界におけるまれにみる知恵者と言われ、広く、政財界にわたって多彩な実績を残しているが、その出発点というべきものは東京米穀商品取引所の常務理事としての活動にあった」（石田朗）

渋沢栄一の推せんか

日商会頭をつとめた永野重雄は実弟であり、日経連会長だった永野健は次男。永野護の東米入りのきっかけは、永野護と渋沢栄一の息子正雄とが親友だったためではないか。「アラビア太郎」こと山下太郎と永野護、渋沢正雄は大の仲良しで大正バブル期、深川でブローカー業務に従事、ブリキで大儲け、ブリキ成金となるが、大正9年のバブル崩壊で1トン当たり1075円だったブリキがただの80円に暴落、巨損を抱える。そこで浪人中の永野が渋沢栄一の口利きで東米入りしたとの推論は成り立つ。

さて、世は戦時体制へと移る。昭和14年にはヤマタネを育ててくれた米穀取引所がすべて解散に追い込まれ、同17年には大阪三品取引所も閉鎖、商品先物取引の灯は消えた。兜町も次第に統制色を強めていく。同18年3月、兜町のシンボルだった新東（東京株式取引所新株）の取引が停止された。ヤマタネは述懐する。

「新東は戦前の代表的指標株、人気株中の人気株であった。その余りの華やかな、波乱に満ちた新東の姿はついに2度とみられなくなってしまった。この年の夏には、明治11年以来、65年にわたる歴史を持った東京株式取引所は解散し、日本証券取引所となった。この結果、一夜成金、一夜乞食とまでいわれた投機色の強い兜町《しま》の性格は変わった」

昭和24年5月、東京証券取引所が復活する。その1年後に旭硝子事件が勃発する。大乱戦の果て、最後は強制総解合となり、東京証券業協会の全理事が責任を取って辞任するという前代未聞の事態となる。2・26事件の時でも強制解合はなかったから、大正12年の関東大震災の時以来という珍事である。ヤマタネがからんだ数々の仕手戦でも最大級のものであった。

旭硝子株の大仕手戦で売りの総大将

山崎「この時も売り方に回った。そして売り方の総大将と目されていたのであった。解合の時の決裁値が非常に高く、売り方に不利だったことから、今度こそ、ヤマタネのヤツも大損を出したらしいといわれた。中には屋台骨も揺らいだといった噂さえあったが、私は私なりのソロバンがあり、世上取り沙汰されたほどの大損をしたわけではなかった。しかし新取引所のスタートからわずか1年で早々に負けたのはいかにもくやしかった」

さて、仕手戦の対象となった株は未発行の権利株で、旭硝子の新しい株券が出るまでの取引で、わずかな保証金を積むだけで売買できた。2月20日現在の三菱化成の株主に旭硝子1・9株、新光レイヨン0・9株、日本化成1・9株が割り当てられた。決裁は4月末日。この間は保証金で自由に売買できる。2カ月余りの短期先物取引である。集中排除法に基づく企業再建により、新しい会社が次々に生まれていたが、上記の3社は特に人気を呼んだ。

買い方は山一、日興、玉塚ら大手証券で、売り方は北浜の地場証券を中心に中小証券の連合軍である。相場は日増しに上昇する。買い方は値が欲しいのではなく、株が欲しいらしいとの噂が流れると上昇に弾みがつく。後に分かることだが、買い方のバックにあったのは三菱銀行を中心とする三菱グループであった。財閥解体によって株式が離散するのを恐れて新会社3社の株を三菱グループで買い集めていた――というのが定説になっている。株価は上昇を続ける。ヤマタネは売り続ける。といってヤマタネは単にカラ売りしたのではない。そこはヤマタネの手堅さである。

親株を買い、未発行の権利株を売る

山崎「権利株3銘柄の合計値段が親株（旧三菱化成）の値段をはるかに上回っていた。権利株はわずかな保証金で買えるので、割高に買われた。そこで私は、親株を買い、権利株を売る、いわゆる〝サヤ取り〟から始めた。しかも、東京と大阪、名古屋、新潟など全国市場の間でかなり値が開くことが多かった。これまた、すかさずサヤを取った。いくら権利株が上がったところで、親株が手当てしてあるのだから何の心配もなかった。しかし、思惑でカラ売りした分もあった。4月11日のことだ。突如、乱手が振られ、417円から350円まで急落した。これで先が見えたと思った」

乱手はカラ売り派が仕組んだ苦肉の策であったと思われる。この策略も1日だけの急落で終わった。ヤマタネほどの百戦練磨の士が「これで流れが変わった。追撃売りのチャンス到来」とみたのは合点がいかない。やはり連日の高騰でヤマタネといえども混惑の状態にあったのではないか。だから乱手による一時的暴落を基調の変化と見誤ったに違いない。

ついに解合、売り方完敗

果たして、翌日の株価は急騰、452円にハネ上がる。ヤマタネもこの日一部踏んだ。そして新現売買規制の措置が講じられた。

山崎「山一の大神さんを中心とする買い方の余りの強引な買いの前に、売り方は動揺した。一斉に踏み上げ場面となり、531円という高値がついてしまいました。大阪はついに売買停止である。もはや売り方は買戻しもできない状態になっていた。カラ売りに対して現物買いでは、どうにもならない。混乱した事態を救うため、売り方、買い方双方が代表を立てて交渉することになった」

この時の代表が買い方は、山一証券社長の小池厚之助、玉塚証券社長の玉塚栄次郎、売り方は大阪の高橋要、そしてヤマタネの2人ずつだった。もみにもんだ挙句

4月18日、全国一律510円の1本値で決裁（解合）することで決着する。200円台で始まった相場が510円で精算するのだから売り方の完敗である。ヤマタネも負けは負けである。ただし、サヤ取りしていた分は助かった。思惑してカラ売りした分がやられてしまったが、その額については、ヤマタネは黙して語らず。

日経が伝える激闘の3日間

昭和25年4月11日から13日までの激闘の記録を当時の日本経済新聞は「腕力の兜町、旭硝子の泥試合」と題し、以下のように伝えている。

「旭硝子をめぐる仕手戦は正式に店頭取引の始まる前、いわゆる〝場外の場外〟当時からドロ試合となり、全国千数百軒の証券業者の大部分とそれにつながる大手、マバラ、数多くの相場師の群れがこの〝うず〟に巻き込まれ……。記者は興奮のるつぼと化した兜町の戦場にもぐり込み、激戦3日間の裏表を探ってみた」

▽4月11日

午後1時、立会場のベルが鳴ると、旭硝子の9番ポストにヤリ（売）、カイ（買）の手を振る場立ちがわめき、どよめき、ひしめいて、だだっ広い立会場にみなぎる160立方フィートの空気を激しく揺すぶった。各ポストの場立ちのほか、数百本の場電にかじりつく者、1700人の関心も一斉に旭硝子のポストへ注がれたようだった。

戦端はまず大阪で開かれ、午前中に400円の関門を深く割り込んだ。これに力を得た売り方も午後から410円もしていた相場を崩しにかかった。いわゆる玉倒しの戦法で、勢いに押しまくられて買い方の場立ちがひるむ。売り方の場立ちがのしかかる。山一の場立ちは売り方勢力にもみくちゃにされ、混乱の中から390円ヤリの声がかかる。こうなると、セキを切った潮のようにドッと崩れる。大手の買い方にチョウチンをつけていたマバラのカラ買い連があわてて投げる。二重の勢いで10分ぐらいの間に350円まで突っ込んだ。

山一の大神副社長、立会場から陣頭指揮

▽4月12日

買い方3社の手揃い買いから始まった。山一では実戦派の大神副社長が立会場へ乗り出して陣頭指揮だ。370円から買い始めて約15分間に十数万株買いまくって、440円まで持ち上げる。1分間に1万株だ。売り方は気勢に負ける。買い方の場立ちはチューインガムをかみながら、腕を組み、鳴りをひそめた相手をごう然とに

らみつけている。売り物があればすかさず買う。売り方に株のないのを見越して、株攻め（買占め）をやろうという戦法だ。売り方が動揺して、買戻し始めたので、相場は451円まで一本調子だ。1日にして形勢は逆転した。

▽4月13日

大勢は決した。売り方のつらい一人角力である。カラ売り筋が袋小路に追い込まれた挙句、ヤケクソになって故意に非常識な値段を唱え、乱手を振らぬよう渋谷市場課長がポストで指揮をとる。買い方は3社とも手抜きで高みの見物だ。カラ売りした連中は、買うなら今のうちとばかり買いついて、完全な踏み上げである。東京では午後、80円高と制限値一杯に上げて、取引所再開後初のストップ、立会場は気の抜けたようだ。買い方の場立ちが誇らしげに電話で報告している一方で、売り方は「われわれ小物小業者は豆ひきの大豆さ。大きな石の間に挟まれて、つぶされるほか仕方ない」とヒソヒソ話をしている。

そして記者は「かくすればかくなるものと知りながら　やむにやまれぬ兜魂」と結んだ。

東穀取初代理事に就任

昭和27年10月、東京穀物商品取引所がオープンする。初代理事長に選ばれたのはヤマタネであった。コメの自由化→上場をにらんでいたため他の商品取引所に遅れてのスタートであったが、コメの代用として上場された小豆が人気を呼ぶ。ヤマタネは市場振興の思いも込めて小豆を手掛ける。自伝「そろばん」で述べている。

「私は手始めに買いから入った。当時、小豆の値段は1俵(60キロ)当たり5000円割れの安値をつけていた。いくら豊作とはいいながら、経験からみて小豆がコメより安いのはおかしい。翌28年に入ると、上がり始めた。秋口に近くなると相場は急奔騰の気配が濃くなった。この年は作柄がひどく悪かった。最終的にはわずか64万俵弱となってしまった。前の年が110万俵だったから4割以上も減収だ。年が変わるや、今日はストップ高、翌日はストップ安といった波乱商状をみせながら29年5月には9000円の大台にいま一息のところまで迫った」

この時、ヤマタネは「売りの虫」が動き始める。ヤマタネはもともと「売りのヤマタネ」といわれる売り屋である。こんな高くなった小豆を一体誰が食べるのか、値下がりは時間の問題となった。ところが、相場はなおも高騰を続ける。2年続きの凶作が濃厚になってヤマタネはあわてた。

西本春次を北海道に飛ばし、現物の手当てを急がせた。だが、わずかに手当てしただけで、大量の売り建て玉からみると焼け石に水である。内地では手当てできないとみたヤマタネは輸入物に目を向け、1万6000俵ばかり集めた。これで現物を渡すメドがついた。ヤマタネはほっと胸を撫でた。

山崎「ところがである。そうは問屋が卸さなかった。つなぎを外し、現物を渡すところでさ細なミスがあったことから、なんと右翼の大立者児玉誉士夫氏が登場した。想像もしない事態である。これまで相場が異常に急騰を続ける途中で、過当投機を抑えるために証拠金を大幅に引き上げたり、あらゆる措置をとってきた。取引所の理事長としては至って当然のことをしたまでであったが、私が売り方で、それら一連の措置は買い方に不利であり、小さな業者をいじめるためだったろう、と言いがかりである」

売りのヤマタネ、小豆で惨敗を喫す

「売り方惨敗である。現物渡しにより相場を冷やそうとする作戦が9分9厘まで成功していたのに失敗した。私は売り方の大手、損も損、億を超える大損となった。

私は相場に勝っても、負けても表情に出す方ではないし、説明もしないのだが、この時ばかりは不機鎌になった。たまたま、理事として任期も来ていたのでその職を木谷久一（全糧商事社長）さんに譲った。このあと、奇しくも大波乱相場も下げに転じた」

右記のヤマタネの述懐に出てくる児玉誉士夫の登場、それに伴い小豆相場が急反騰に転じ、ヤマタネを敗北に至らせる件を「東京穀物商品取引所十年史」で点検してみよう。

「昭和30年5月になると、従来の買い方でなく、某特定買い方の出動が伝えられ、その背後には、政界の黒幕的存在である某実力者が控えていると伝えられ、市場においては強引な買い進みを敢行する一方、小豆の早渡しが市場に掲示されると、全部その機関店を通じて早受けしてその手中に収め、その数量は2800俵に達した」

▽5月10日 小豆各限月ストップ高。

▽5月11日　小豆の買い気ますます白熱化し、引続き各限月ストップ高、緊急市場管理委員会を開いて対策を協議したが、成案を得ず。

▽5月12日　前場1節で10月限を除きストップ高。2節以降雑豆輸入決定の早耳筋の売りを浴びるが、買い方はいわゆる〝ツケロ買い〟の拳に出て、市場の売り物

を全部買いさらうという強引な防戦買いにつとめる。

ついに理事長退陣を表明

▽5月13日　臨時立会停止、120名出席して会員懇談会。衆議院農水委員会で小豆の価格安定措置が取り上げられ、上場廃止論まで出る。山崎種二理事長、退任を表明。

▽5月14日　立会停止。仲買人協会幹部が買い方背後の中心人物と会談、買い方の意向に分があることが判明。

▽5月17日　産経会館で第5回定期総会を開き山崎理事長が退任、木谷久一氏を新理事長に選任。

▽5月21日　抜け解合の方針では困難で、総解合によるほか解決の途なしとの結論に達す

▽5月23日　農林省より「26日までに立会を再開しないと上場停止を考慮する」旨の勧告が通達された。

▽5月24日　①総解合を行う　②値段は5月11日の最終値とする　③5月26日、形式的立会を行い、棒値を決め全建玉を決済する——ことを決める。

▽5月27日　半月ぶりに小豆の立会を開始、5月～9月限は総解合、10月限は12日の終値から390円安のストップ安で値がついた。

またまた「売りの虫」がうごめく

理事長のポストを失ったあともヤマタネは相場界を去ったわけではない。小豆相場の流れは売りに傾いたとみて、例の「売りの虫」が頭をもたげてくる。自伝による。

「実をいえば、この流れに乗って、改めて売りをかけ、損をいく分か取り戻した。私としては相場の見通しで負けたわけではない。見通しは確かだった。なのに敗れた。改めて、自分の見通しを実践し、儲けをとった。このことを知っている人は少ない。あまりにも事件が大きく、後日のことはほとんど目立たなかったからである。それはそれとして後味はよくなかった」

ヤマタネのしぶとさと負けん気の強さがにじみ出るコメントではある。

ヤマタネは東穀取の理事長時代、渋沢栄一の「成名毎在窮苦日　敗事多因得意時」（名を成すは毎《つね》に窮苦の日にあり　事に敗れるは多く得意の時に因《よ》る）を飾って拳《けん》拳服膺《けんふくよう》に努めた。ヤマタネは笑う。

「成功のタネは必ず苦しい時に芽生え、失敗するのは有頂天になっている時に原因が生じている、という。まさに相場の極意である。問題は実践に取り入れるか、入れないかにあることは言うまでもないが、私のような無学の者にとって、終生、大きなよりどころとなった」

この書は昭和初年、東京米穀商品取引所ビルが再建された時、渋沢翁から寄贈され、長く立会場に掲げられていたが、第2次大戦後、額皿に収め、理事長室に置かれていたという。

ヤマタネ逝って35年、その東穀ビルは消滅し、商品相場の街蛎殻町から銅臭は消え去った。かつて合百師たちが群がっていた銀杏稲荷だけは隆々とし、町の変貌ぶりを見詰めている。

田附 政次郎（1863〜1933）

「将軍」と呼ばれて40年

大正時代は大阪の三品取引所を中心に糸へん相場が一番にぎわった時代である。そこで主役を演じるのが田附政次郎。地場では「将軍」と呼ばれた。「将軍」とか「飛将軍」と称されても5年と続かない例が多い中で、田附は40年間にわたって将軍の座を守った。

そして最強の相手役は岩田惣三郎、宗次郎親子である。岩田は尾州出身で尾州系糸商の代表であるのに対し、田附は江州系の筆頭で三品市場の顔である。岩田親子の場合、大正3年に惣三郎から宗次郎への采配譲渡が行われていたが、宗次郎がなかなかの出来物で、田附にとって「相手にとって不足なし」の才覚の持ち主であった。

相手は岩田惣三郎・宗次郎

岩田宗次郎は明治20年生まれで田附より27歳年下になるが、第2次大戦後、大日本紡績（ユニチカ）の会長を務めた。現物、先物両市場を股にかけて当たりに当たっていた。宮本又次は「大阪商人太平記」（大正編上）の中でこう記している。

「田附政次郎もこの若者に一目置いていた。歌舞伎役者のような美男子の岩田に対し、田附は『鼻欠けさん』といわれた。田附は江州商人の進退自在な商法を持っているが、岩田は尾州人特有の紳士的なものを持ち、運、鈍、根を備えている。全く対照的な2人だった。岩田は真言宗大谷派本願寺の財務にたずさわり、『岩田本願寺』とニックネームをつけられた。田附将軍と岩田本願寺の2人は、三品取引所を舞台に攻防戦を繰り返していたが、その場面は名勝負物語を生み、今も船場の語り草になっている」

岩田の横顔について日経新聞社編「相場今昔物語」は次のように記している。

「厳父は岩田本願寺といわれたほど熱心な真言宗の信者であったが、宗次郎も現在、真言宗大谷派本願寺檀徒総代をしている。氏は大阪で小林一三と共に『今太閤』と呼ばれ、身長は五尺あるかないかだが、太っ腹で度胸があり、往年三品村の将軍といわれた田附政次郎翁に代わって三品の天下を席巻したことがある」

生まれは近江商人のふるさと

田附政次郎は文久3年（1863）滋賀県神崎郡五峰村で田附甚五郎の長男として生まれた。9歳の時父を亡くし、明治9年14歳で伯父に当たる伊藤忠兵衛（先代）が経営する紅忠（伊藤忠商事、丸紅の前身）に入り、丁稚として奉公する。同13年義兄の店に転じ、国産麻布の行商に従事、天秤棒をかついで全国を行脚する。同22年独立、田附商店を開業、綿糸布商を営む。

「以来、幾多の辛酸をなめながら初志を貫徹すべく努力した。明治26年大阪三品取引所の創設にかかわり、監査役に推され、三品スズメにその敏腕ぶりを謳われた。こうして田附商店社長のほか、日東捺染、湖東紡績、和泉紡績の社長として社運の発展に尽くした。これらの企業では晩年まで社長の任にあったが、ほかにも城北土地、豊国土地各会長、岡山県における最大の紡績会社の山陽紡績専務、高成土地建物、大阪紡績、東洋毛糸の各取締役……大日本綿糸布商連合組合委員長として名実ともに綿糸将軍の観があった」（実業之世界社編「財界物故傑物伝」）

以上はなんとも履歴書的だが、この伝記には続きがあって、田附の人となりを伝える重要データといえよう。

「少し地位と財力ができると、『自分は相場師にあらず。実業家だ』という連中がある中で、田附将軍は常に三品取引員たるべく公言し、財を積み声望を高めるほど、ますます取引員として活躍し、『相場師だといわれるを嫌うは、これ真の相場師たるの品格を持ち合わせざるもの』と喝破していた。その資性、秋霜烈日、そして一面に春風駘蕩たる情味を抱いていた」

大正期の三品は黄金の日々

大正期の三品市場はまさしく黄金の日々であったが、買い方の主役は入れ代わり、立ち代わり、目まぐるしく変わった。第1段階（大正5年）は岩田宗次郎による本願寺相場、第2段階（同6年）は山口嘉蔵による山嘉相場、第3段階（同7年）は石井定七による石井相場、そして第4段階（同8〜9年）は主人公を特定できない、しいていえば「群衆による熱狂相場」と区分けすることができる。

● 大正期の大阪三品相場（綿糸、当限、1コリ）

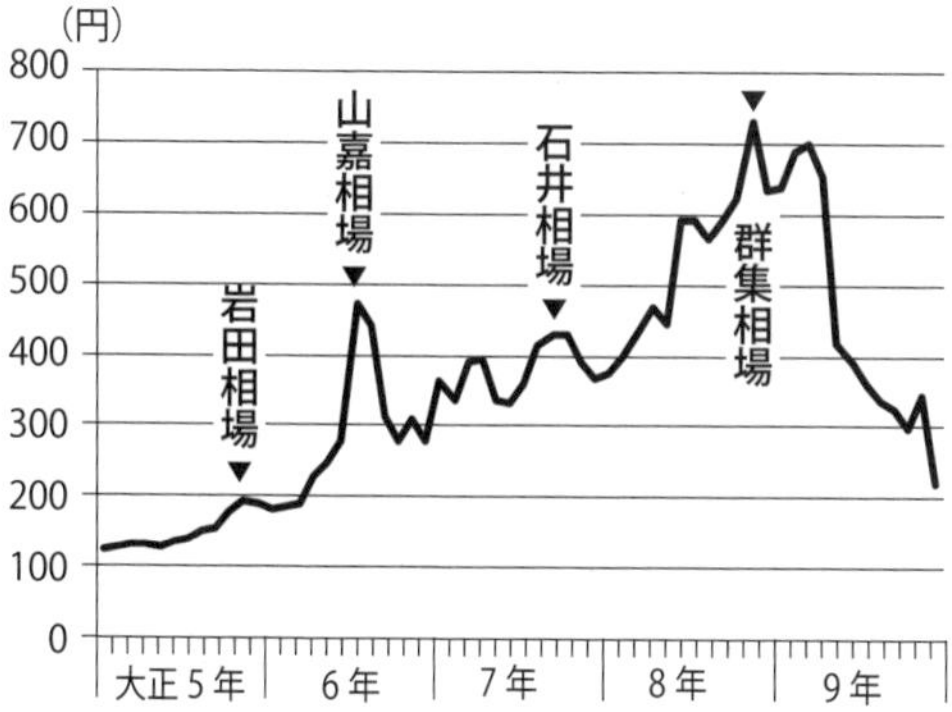

4つの時期を通じて田附はいずれも天井で売り、下げ相場をがっちり取り、「さすが田附将軍」と大向こうをうならせる。

そのころでも「相場師」と呼ばれるのを嫌う人が多い中で田附だけは相場神聖至上主義を説き、みずから投機の権化をもって任じ、だれはばかることがなかった。だから新聞記者には人気があった。「相場はなんびとにも必要だ。だからだれもがやらねばならぬ」というのが田附の信念であった。

「いやしくも今日の経済組織下で生活を営む以上なんびとも必ず知っておかねばならず、張って差しつかえないのは相場だ……だから大臣諸公から軍人であれ教育家であれ、宗教家であれ、相場をやってしかるべし。特に実業に従事する者は1日もおろそかにしてはならぬというのが田附のだれはばからぬ投機第一主義の論鋒である」（岡村周量著「黄金の渦巻へ」）

まず第1段階の岩田相場について宮本又次はこう記している。

「岩田宗次郎は大正3年に家業を継ぐと、欧州大戦後、ドエライ景気がくるに違いないと、家運挽回のチャンスを待っていた。紡績会社が先行きを警戒して逆ザヤにもかかわらず、先物を売り出してくると、今こそチャンス到来とばかり、現物も、定期（先物）も、株も買いあおった。そして大正4年には、日綿、田附、伊藤忠、八木、丸永とともに名だたる三品大手筋の一つになっていた」

岩田は当時41歳の男盛りで、日綿の喜多又蔵とともに強気の双璧であった。岩田は「憎まれるくらいやらないと、相場はできん」とうそぶいていた。儲けた金は岩田家の家業の一つだった尾州銀行（のち三和銀行に合併）に預けて非常時に備えた。

大正5年1月に122円台だった綿糸相場を同年11月に196円台にまで持ち上げたのは岩田の豪腕によるものだった。この時、田附は苦戦を強いられた。

山口嘉蔵、座摩天井で憤死

仕手戦では○○相場とか××相場など買い方仕手の名を冠して呼ばれる。第2段階、大正6年の大相場は山口嘉蔵が主役を務めた山嘉相場。この時、売り方に立って巨利を占めるのは田附だが、相場の山をつくるのは山口である。大阪財界では山口兄弟と呼ばれ、兄玄洞、弟嘉蔵とも洋反物商を営んでいたが堅物で知られていた。

だが、バブル景気でおのずから大胆な経営方針に傾いていく。株や糸相場にも手を広げていった。そのころの三品市場の仕手関係をみると、買い方には江商、日綿、三井物産といった貿易商に加え、岩田宗次郎、山口嘉蔵、石井定七ら思惑師も控えていた。

など。

一方、売り方は田附政次郎を筆頭に八木与三郎、不破栄次郎、豊島半七、伊藤忠など。

錚々たる顔ぶれの取り組み関係だが、この時（大正6年）の相場を山嘉相場と呼ぶのは、山嘉の強引な買いが際立ったからである。山嘉は市中の浮動玉を買占めにかかったから三品相場は暴騰する。三品取引所の営業日誌「三品小誌」にはこう記録されている。

「1月180円見当を往来したる相場は買占めの策謀も加わり、わずか半年の短期間に狂奔に狂奔をもってし、7月21日には実に当限470円と驚異的記録をもってし、形勢はなはだ険悪に陥りたるため一時売買を中止したり、出来高また空前の大活況を呈したる……」

高騰の原因については、①わが国の貿易が莫大な輸出超過となり、外貨の流入が巨額に達し、諸物価が騰貴した②増産が進まない中、内外とも需要が激増した③原綿、石炭価格、賃金が騰貴した――などが挙げられる。

ところが、7月22日の座摩神社の夏祭りを天井に一転、暴落に向かう。再び「三品小誌」による。

「8月1日物価調整令公布を気構え、相場は急転直下の勢いをもって惨落し、7

月28日には各限一斉に300円台を割り、変動まことに激甚たり。9月8日米国金輸出禁止令を発布し、以後相場はますます落潮を続け、10月は当限安値が219円95銭となる」

大阪の相場界では古来、「座摩天井」という言葉があったが、この年の綿糸相場は座摩天井を地で行ったわけで、売り方はもちろん田附将軍である。相場が暴騰していた当時、「将軍、重囲に陥る」と新聞で書き立てられ、大苦戦を余儀なくされるが、田附は狂乱相場の崩壊近しとにらんで動じなかった。山嘉の買いに群衆がチョウチンを付けて鈴なりになって買い付いているのを見て取った田附の大勝利となる。

買い仕手、山嘉は巨損をこうむり、破綻する。山嘉が強気の買占め作戦を敢行したのにはわけがある。

「兄の玄洞の店で、中国市場に出していた双童鹿というチョップの綿布が驚くほどよく売れていたからである。世界大戦が長引けば日本製品がインドやジャワの奥にのび、年間72億ヤードの輸出量を誇る大英帝国の市場の何割かは、日本の手に入ると、みたからである。そこで山嘉は買いあおり、これに群衆が従った。相場は上げ相場の時は、どんな弱い材料でも上げに味方する。しかし、いったん下げとなると、下げ相場がまた下げ材料を生む番となる」(「大阪商人太平記」)

山嘉に追随した糸商は軒を並べて倒産、大手の寺庄(寺村庄一郎)も巻き添えを食って倒れた。

第3段階、石井定七の参戦

山嘉相場の激闘の余波がくすぶる中、三品市場を賑わすのが石井定七である。大阪市内横堀に居城を構えたので横堀将軍の異名を持つが米や株だけでなく、鉄や木材相場などにも手を広げて羽振りの良さでは天下一品であった。石井とともに大正7年の綿糸相場で派手な立ち回りを演じた男に八代麻三郎がいる。

八代は大手糸商で三品取引所の大引値が高いと翌日の上げ相場につながることを知ると、毎日のように八木与三郎商店から買い注文を出した。こうした「八代買い」は評判を呼ぶが、次第に神通力を失う。そこで老舗仲買人の貴志米吉に相談すると、「石井定七の力を借りることだよ」と石井詣でを勧め、石井が侠気をみせて、「じゃあ、おれが一枚かむことにするか」と乗り出してきた。「八代買い」はこうして再開されたが、今度は本尊は石井である。やがて「八代買い」が本当は「石井買い」であることが判明すると上げ足は強まる。

「石井自身も八代の黒幕として買い始めたが、綿糸の魅力にひきつけられ、石井の玉も岩田や貴志の店から買わせ始めた。そして大正7年夏の暴騰となった。……石井はまるで米の買占めをするように綿糸の買占めをしていった。相場は自身の腕で左右できる――これが石井の自信であった。彼のやり方は相場を自分の信念で押していく能動型で、この型は太閤松井伊助、岩田本願寺、喜多又蔵、岩本栄之助、福田政之助、吉村友之進にも当てはまる」（同）

相場をみずから作り出すタイプに対して相場の流れに順応するタイプ（受動型）の相場師としては望月軍四郎、島徳蔵、山崎種二らがいた。そして状況により、能動的に動くかと思えば、受動的にも動く、両刀使いは田附政次郎と野村証券の始祖野村徳七（2代目）くらいだ。

大正7年の石井の買いはすさまじかった。「原綿商と思惑筋の買いあおりを誘致し、10月に至り430円90銭と、この年の最高値を示し、最低との差135円と熾烈なる騰落を演じ、市場熱狂す」（「三品小誌」）。

ところが10月末になって欧州大戦に講和の動きが具体化すると大商いのうちに暴落する。だが石井は「戦後相場というものは復興需給で戦中相場を上回る」という堅い信念のもと、手仕舞いに動く気配はない。

同じ買い方で戦ってきた岩田宗次郎や松井伊助らも次第に撤退していったから石井の孤軍奮闘が鮮明になってきた。そして売り方の総大将はこの時も田附であった。三品市場では古老の部類に入る田附の売りに対し、新参者の石井定七の買いという取組になった。これではさすが石井も敗北は避けられない。まさにプロとアマの戦いで、田附は3度売り方として勝利を収めた。田附は先物市場と現物市場を股にかけて戦った。三品（先物）で買う時は朝方現物市場を売りたいておく。逆に先物を売るときは現物を買っておくというやり方である。

石井は田附の前で一敗地にまみれたあとも米、株市場で大相場を張ったが大正12年、1億円の巨額借金を抱え退場を余儀なくされた。一方、田附は盤石の体制である。

第４段階は猛烈な群衆買い

大正期における第4段階の綿糸相場、それは大正8年から9年にかけての大衆買いによる空前の暴騰落である。大正8年の綿糸相場は３３０円で大発会したあと、戦後の復興需要を期待して上げ基調を維持、6月には６００円寸前まで上げ、当限と先限との間の逆ザヤは50円から70円、時には１００円という大逆ザヤをつけての上げ相場である。こんな大逆ザヤは三品市場ではかつてなかったことである。

「思惑熾烈にして沸騰のルツボと化し10月には当限が624円90銭、11月には729円90銭の高値を付け、市場凄然として未曾有の熱狂にあり。しかるに11月13日省令をもって糸価調節を採りたるため最高値より80円安と一挙大暴落をこうむりたり」(「三品小誌」)

政府は糸、織物の輸出を事実上禁止したうえで輸入関税を撤廃するなど糸価を抑え込む政策を取ったため大暴落に転じた。ここでも売り方最大手は田附であり、買い方は特定の仕手はおらず、群衆買いによるものだった。

大正9年の相場推移を当限についてみると、3月に700円の高値をつけたあと、惨落に次ぐ惨落で、4月には390円、5月309円10銭、6月260円と底なし沼にはまる。

群衆買い恐れるに足らず

ところで、大正8年の一大暴騰落に際し、田附はどう行動し勝利を収めたか、ここからは「田附政次郎伝」(伊藤悌造著)でみてみよう。田附は「群衆の勢力恐るべからず」と終始弱気方針であった。

「黄金洪水の波はなおほうはいとして業界は大正9年の初春、依然として極楽境裏、長夜の眠りより覚醒し得なかった。高値覚えの惑溺は田附をして『熟柿、触れなばまさに落つるの他なし』と痛言せしめたのである。ああ、熟柿はたしかに中天にぶら下れり、その落つるは時期いかんである」

欧州大戦後の灼熱の買い人気に対し、田附は極めて危険なものとして、早くから警戒の手を緩めなかった。だからこの状態を「噴火山上の午睡の夢」と評していた。だが、欧州からの復興需要に伴って外貨がどんどん洪水のように日本に押し寄せる現実の姿に群衆はだれも田附の警戒発言に耳を貸そうとはしなかった。

たまたま4月8日、増田ビルブローカー銀行の破綻で「財界恐慌来たる」の警鐘が乱打された。市場はたちまち大津波の襲来で混乱を極め、大戦中から時代の寵児であった綿業界は惨憺たるものがあった。

「田附の炯眼はあやまたず、重ねて成し得たる戦後の投機戦の成功にも、あまりに脆弱なりし群衆力の腑甲斐なさを驚嘆せずにはいられなかった」

大正期の大相場で一番の勝ち頭は売り将軍田附政次郎であったことは動かせない事実だが、「田附政次郎伝」は将軍の盛名を得て、田附の勝利が誇張されていることを戒めている。実際はそんなに大儲けしたわけではないという。

「失敗にも、成功にも世間からその程度を過大視され……実際には大チョウチン、小チョウチンの相当に多くして成功、失敗ともに過大なる宣伝となった。腹八分目は田附の平素の信条であった。利食いも腹八分目をモットーとすれば玉の張り方にも腹八分目である」

そして田附が周りの者に言っていたことは「投機戦に肝要なことは資力、精神上の責任範囲に余裕を持たせることだ」という点である。そして「いやしくも精神上の余裕なき者はあたかもくもった鏡に影の映らないように正当な行動をとることはできない」と語っている。投機に臨んで精神的余裕のない者は「最後の敗者」になるしかない——こう後輩たちを戒めていた。

田附の売買には多くチョウチンが付く。そして田附は儲かってもチョウチン連中は損をするというケースもある。すると将軍変じて「タヌキ親爺」と嘲笑される。

「憲政の神様」と交友結ぶ

こうした世評に対し三品取引所の仲買で相場師の野口泰次は異を唱える。

「これは将軍に対してあまりに気の毒である。将軍がだましたのではなく、チョウチン連自身の認識不足から自己錯覚に陥ったのではあるまいか。将軍は相場術においては独特の妙技を心得ておられたが、忌憚なくいえば、財界の流れに対する判断においては時々誤解される場合があった。この誤れる道案内を過信して追従するチョウチン連の失敗するは当然である。すなわち将軍が群小をあざむいたのではなく、将軍みずからも踏み迷うているわけで、こんな場合は将軍もまた莫大な損をせられた例は少なくない」

野口泰次の見解はまさに的確で、将軍といえども間違うことはある。これについては野口は「大阪三品取引所の取引員で、相場師でもあり、石橋湛山元首相とも交遊のあった人物で著書もあり、相場道の達人である」と弁護する。

田附が欧州大戦景気下で大奮闘していた当時、「憲政の神様」尾崎行雄と交友を結んだ。尾崎の田附観は見逃せない。

「財界の驍将田附政次郎君の名声は、久しく予が耳目に慣熟していた。大正10年ごろ予が軍備制限と普通選挙の二大問題を掲げて天下に呼号するや端なく阪神紳商連の注意を引けるものとみえ、予を招いて意見を徴せられた。田附君は予が主説を好しとし、賛成されたようであった。以来予が大阪に赴くたびに、田附君は予を招請して他の紳商諸氏と会談せしめた。こうして交情は年を経るに従って、ますます親密に赴いた。君は商機敏捷、勇断果決にして、かつ友情に厚く、財を積むと同時に、またよくこれを散じ、常に徳を積むことに努められた」

三品取引所の誕生

田附政次郎が主戦場とした大阪三品取引所の生い立ちをみておく。明治26年、取引所法の公布で全国的に取引所開設熱が高まっていく。その勢いの凄さは〝燎原《りょうげん》の火〟と呼ぶにふさわしい。わずか1年余りで170もの取引所が誕生する。中にはバスに乗り遅れては大変とばかり、にわか造りの泡沫取引所もあったが、日本の経済が近代化の波に乗る中で、経済界では取引所は必須の経済基盤とみたからである。

「三品小誌」(大阪三品取引所編)にはこう記されている。

「取引所法が発布せらるるや、有志は取引所設立の計画を起こし、創立事務所を東区安土町に置き、諸般の準備を整え、中村惣兵衛、今西林三郎ら発起人総代となり、明治26年10月23日、綿糸、棉花、木綿の三商品の売買取引を目的とする取引所発起、認可を農商務大臣に申請し、同年11月9日、認可を得た。11月20日株式募集に着手し、11月30日創立総会を開き、所名を株式会社大阪絲、綿、木綿取引所と改めることを決議した※」

※農商務大臣後藤象二郎名で出された免許状には「株式会社大坂絲綿木綿取引

所」とある。

取引所名は「内外綿花、綛糸《かせ》、木綿取引所」と改めて発足、明治34年「株式会社大阪三品取引所」と三たび改称する。資本金は15万円、初代理事長は老舗糸商の中村惣兵衛と決まり、翌明治27年2月21日取引が始まる。この時のことを田附はこう述懐する。

「糸と綿と木綿の三業に関して、諸国の事情に通じているのは大阪中でおれ一人という自認があったので、断然取引所へ入ることに決心した」

この言葉とは裏腹に田附は当初、取引員になることをためらっていたようで、出願したのは58番目のドン尻であった。田附が取引員の資格を取るのは明治29年2月22日で実に取引開始の翌日であった。だが、すぐ頭角を現し、同30年には組合委員に推され、以後は押しも、押されもせぬ三品の顔となる。

大阪で三品取引がスタートして、7カ月後東京商品取引所（東商取）でも綿糸布の先物取引が始まる。場所は日本橋蛎殻町で、東京米穀取引所のすぐそばだった。当時の新聞が初立会いの模様を伝えている。

「去る1日、ご祝儀立会をなし、2、3日の両日は帳簿整理のため休業せり。昨日より本式な売買を開始せしが、本場、後場とも薄商いにして、その原因は仲買人の不慣れと少数なるによるをもって、これより仲買人を増加せしむるという」(明治27年10月5日付国民新聞)

さて大阪三品取引所だが、発足当初は出来高不振に苦しみ、資本金15万円を一時7万5000円に減資したこともある。だが、思惑筋が市場を賑わし、「発足からの10年間は買占め戦の歴史だった」という。年7割の高率配当をやったこともある。「三品小誌」にこう記されている。

明治33年には7割配当も

「かように一時は深刻な打撃を受けたが、漸次一般に取引所の機能を認識して、これが利用も盛んになり、わが国紡績業勃興の機運に乗じ、取引高は急増し、明治33年上半期の如きは非常な活況を呈し、稀有の利潤をあげ、実に年7割配当を断行、特に日露戦争後は財界の好況と相まって、綿製品の輸出は急激増加し、紡績界興隆の流れに棹さして当取引所は一途隆昌に向かい、当取引所の相場は公定相場として、内地はいうに及ばず、広く海外にまで認識されるに至った」

「田附政次郎伝」(伊藤悌造著)によると、開所から10年間は銘柄別売買の欠陥が露呈し、買占めが相次いだという。

「浪速紡績の支配人某が自己の会社の20番手を買い始めた。最初は買占めの本尊が判らなかったが、売り手が少々不気味になったので浪速紡の20番手の生産高を調査してみると、なんと生産を中止していたのである。このため大阪中が一大渦紋を惹起した。早々に会社と掛け合い、20番手の生産が元通りに始まり、買占めの策戦は失敗、その支配人はクビになった」

若さに似ずリスク分散を考える

さて、田附が紡績会社の経営に参加するのは明治29年のことだ。奈良の村島長造と金巾《かなきん》会社の阿部周吉が紡績会社を起こそうということになり、「田附さん、あんたも一つ紡績をやらんかね」と勧められた。先に儲けた5万円（現在なら1億円強か）の使い道を考えていた矢先のことだが、早速発起人となり600株分、3万円を払い込んだ。

「うかうかしていると夢の間になくなる金だ。なんとか方法を立てねばならぬと思っていると、本町堺筋の松尾藤助が250坪の土地を買ったが、広過ぎるので買ってくれないかと頼まれた。遊んでいる金で相場をやれば、大抵は取られてしまうというもの。坪104円で170坪買った。前途を考えた田附は危険を分散すべく、こうした方法で財産を保護したのである」（「田附政次郎伝」）

この時28歳。この若さで将来を考え、リスク分散を考えるとは手堅い戦法である。巷間伝わっている「投機の権化」とは違った一面を持っていたのだ。

日清戦争から日露戦争に至る10年間、それは三品取引所の揺籃期でもあるが、買占め戦で持ち切りだった。銘柄別売買の弊害にこりて標準品売買に切り替えたあとでも、仕手の買占め心理にはなんら変化はなかった。

「市場の殷賑と混乱はあたかも元亀天正年間（1570～1592年）における群雄割拠のそれを髣髴たるものがあった。そして仮りにも三品市場で売買思惑をなさんとする者は買占めを策動しなければ仕手に非ずといったほど買占めが流行した」（同）

多かったヤミ売買

三品市場では初め木綿（綿織物）が買占め・売崩しの対象とされたが、漸次綿糸が投機の主流となっていく。綿糸は木綿よりも国際的要因で相場が変動する。材料が多岐にわたるだけ読みが難しくなるが、複雑な曲線を描く綿糸を巡って丁々発止のやり取りが行われ、取引所はしばしば立会いを止めたり、延刻措置をとるなど市場管理に頭を痛めた。

そしてこの時期において特筆されるべきは表面の取引所売買よりも裏面の暗商い（付合せ）が多かったことだ。市場の寄付前、あるいは大引け後に客同士の暗商いが半ば公然と行われた。場外取引であるが、東京で盛んに行われていた合百とも違う。客同士でやる場合もあれば、取引員が仲介する場合もあり、取引員は夜を昼に継いで活動した。

この付合せによる売買が取引所の売買に比べて何倍も多かったというから相当大がかりに行われていたことを物語る。取引員の懐の中で売り手と買い手を食い合わせるわけで、取引員が合百師の胴元を務めるようなものである。「経済語辞典」（大阪毎日新聞社編、昭和8年刊）は「付合せの法」について以下のように記している。

「多数の取引員が売買申出をなすに当たり、場台の高場掛が適当な値段を叫んで標準を示し、これを中心に多数の売買が行われ、もし売買の一方が余れば、標準値を上下して競い合う。かくすること数回で両者の数一致した時撃柝《げきたく》を入れて売買を締め切り、公定相場を決する法」

これは取引所の公然たる売買の方法だが、これと同じようなことを取引員がお客を相手に懐の中で行えば、〝暗商い〟で手が後ろに回る。田附は暗商いを苦々しく思いながらも取引所の先物相場を動かす最大要因でもあったから付合せから目をそむけるわけにはいかなかった。「田附政次郎伝」は当時の様子を記している。

「当時覇気満々たりて田附が三品仲買人として渾身の努力を定期（先物）売買に傾倒せると同時に、綿業投機界の蓄積と達見においてすでに一頭地を抜ける田附にとっては、真にあつらえ向きの壇場であった。世の毀誉褒貶は田附のごうも介意せざるところであった。時あたかも財界の変動激しく、仲買部の利益全部を消耗したにもかかわらず、『心頭滅却すれば火もまた涼し』の境地に立って何物かを蔵する田附は多々益々定期売買に拍車をかけた」

田附商店において仲買部のウエートは大きい。だが、相場変動のあおりを受け大きな利益を出す反面で巨損に泣くこともある。これは避けられない宿命である。それでいて、取引所の売買高ランキングにおいて常に上位を占め、しばしば1等銀盃を受けるのは大手各紡績会社から注文を受ける量が多いからだ。それは田附の信用が厚く、田附に委託すれば間違いはないとの説が浸透しているのである。

取引所が近づくと緊張で体重増

こんなエピソードが残っている。田附は東区南新町から人力車で会社に向かうが、お抱え車夫によると、「毎朝本町橋を西に渡ると、車体が急に重くなり、夕方本町橋を東に越せば車体が急に軽くなった」という。この時の車体の重みは田附の緊張度を表しているのである。会社に近づくと緊張度は増し、離れるとほっとして軽くなる。外見上はいつもおおらかな田附将軍ではあっても胆の中は緊張で一杯なのだ。

昨日の買い方は今日の売り方であり、今日は強気の旗頭でも、明日は弱気の大本営と転じる。ドテン陣営を変えるのは投機界の常道である。そのころ田附は神出鬼没、口では強気を吹聴しながら肚では弱気を画策するなど日常茶飯事であった。だから世間では「油断ならぬ男」のレッテルを貼ったこともある。

相場では連合軍は成功しない。初めのうちは歩調が合っていても途中で歯車が噛み合わなくなってくる。撤収するか、続行するかの分岐点で仲間割れする。だから田附は「道連れ」を嫌う。

田附にチョウチンを付けたいと願う投資家は多い。しかし田附は、相場師は孤独と闘うのも一つの仕事だと考え、道連れを願い下げる。相場師としては孤独に徹するが、仲買人としてはお客に対しては全く別人となる。営業本位、お客本位でお客にもうけてもらい、喜んでもらうことに全精力を集中する。

益東生の綿糸買占め

明治32年9月、中国人益東生が綿糸の買占めに動く。外国人の買占めとあって、世間の耳目を集めた。このため9月限は再三立会停止となり、受渡し日には柳行李に札束を詰め込んで取引所の屋上に積み上げる仰々しさ。この一件は朝日新聞記者、狩野正夫著「商戦秘話」にも収録されている。以下に抄録する。

「大阪川口六番館の中国商人益東生の買占めが起こった。当時は原綿が不作であったから必定綿糸が騰貴するだろうというのが、益のねらいであったらしい。9月限は94円75銭の高値を現し、5月限の安値72円80銭に比べると22円方の暴騰である。かくして意気消沈していた買い方は元気横溢し、市場の取組も激増した。益は勢いに乗じてますます買いあおらんとし、形勢すこぶる険悪で、9月19日ついに9月限の売買を停止して増証の徴収を行い……」

21日、立会を再会するが、狂騰相場は一層不穏な状況を呈したため、再び売買停止となる。結局、受渡高5700コリ（1コリ＝181・44キロ）を記録した。これは開所来最高の大受渡しで前年の年間受渡高（9390コリ）の60％に達した。益の勢力のほどがうかがえる。引き続き相場は堅調に推移するが、12月末になって屈折し、益の買占めは無益に終わった。

守山又三の大思惑

益東生の買占め失敗のあと、守山又三が登場し、大思惑を張った。あまりにも強引な手口で、市場ではあきれ果て、〝無理山無茶三〟などと呼んだ。歴史書には「守山相場」と記されている。明治32年当時に三品取引所の毎月の出来高は3万コリ前後だったが、翌33年1月には8万3000コリ、3月には31万3000コリ、4月は32万3000コリを記録する。

これはインド綿の凶作が伝えられ、原綿高騰をはやして買い人気が市場にあふれたためだ。

● 益東生と守山又三の綿糸買占め
（大阪三品、当限月間高値、1コリ.円）

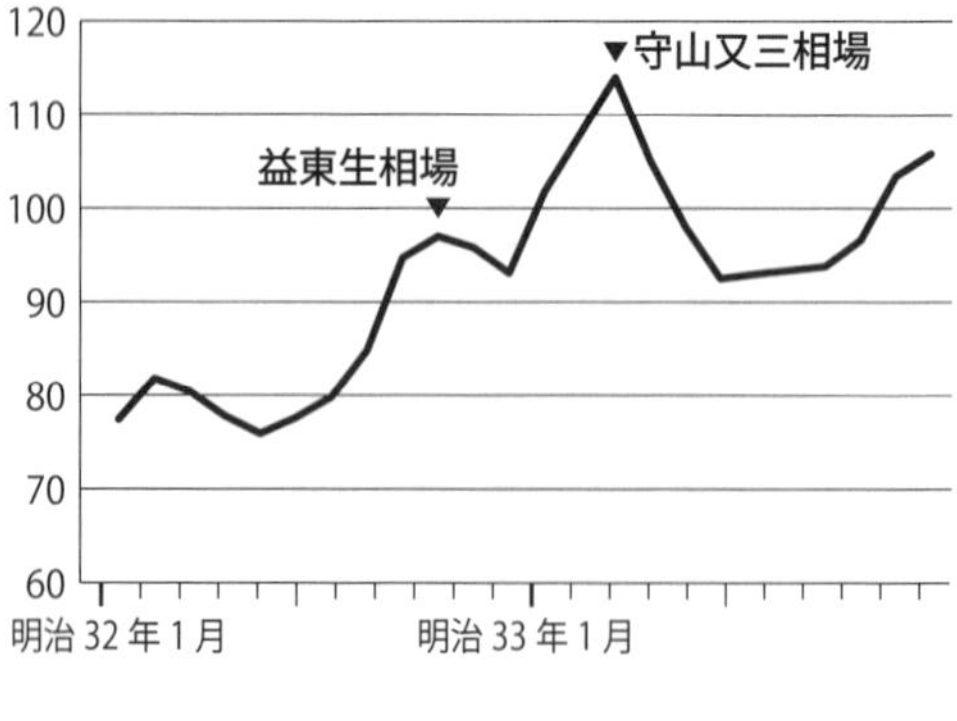

そこに守山又三が加わって買いあおり、参観者が場外にあふれ、雑踏の様相を呈する賑わいである。買占めの主人公、守山又三は当時、九州紡績の大阪出張所長をしていた。

「守山はチャンス到来とばかり、三井物産大阪支店副長の山本条太郎（のちに常務から満鉄社長に就任）や北浜銀行の岩下清周に連絡して、綿糸の思惑買いをしようとした。山本は三井銀行大阪支店を口説いて守山に資金を融通したので、守山は買占めの火ぶたを切った。そしていわゆる守山相場となったが、無謀な策動は長くは続かなかった。守山は行方不明になり、買い人気は一変し投げ相場となった」（宮本又次著「大阪商人太平記」）

守山、北海道へ逃げる

買い本尊の守山が姿をくらますに至る経緯を略記する。まず、大手糸商の八木与三郎が鐘紡の武藤山治を訪ね、守山のことを話すと、これは大変と、武藤は朝吹英二専務に報告する。朝吹は、守山が以前から北浜の株式街で思惑をやっている策士であることを知ると、守山への三井銀行の融資を打ち切るよう三井の最高幹部である中上川彦次郎専務理事に進言する。

こうなると三井系列下の北浜銀行も手を引かざるを得ない。三品取引所も危険を察知、証拠金の3割アップを決議する。九州紡績社長である野田卯太郎も朝吹に促されて上京するに及び、守山はいたたまれなくなって北海道に逃げる。

前出の「商戦秘話」は守山についてこう記している。

「すこぶるつきのペテン師で、おまけに覇気縦横ときている。4軒の仲買店を手先とし、綿糸を買いまくった。買占め高がざっと4万コリと予期したごとく相場は奔騰したが、取引所へ納入する証拠金10万円にハタと行き詰まった。横山源太郎の名前を借用することにし、横山を京都に招いて共同策戦のていに見せかけ、次いで4軒の旗艦店主を曾根崎の梅田楼に招待、横山を紹介、綿糸の連合買占めのため来阪されたと吹聴した」

ところで守山又三の経歴について「歴代国会議員名鑑」はこう記す。

――明治2年3月、熊本県出身、東京高等商業（一橋大）に学ぶ。熊本軌道㈱取締役、讃岐電気軌道㈱監査役、京都電気㈱社長を歴任する。明治41年第10期衆議院議員に当選（11期も）、立憲同志会に所属する。同会は立憲国民党脱党者をはじめ桂太郎系の官僚が参加して結成、のち中正会および公友倶楽部の多数と合流して憲政会となる。昭和15年5月19日死去。

義和団事変で窮地

さて、無謀な策動は長く続くはずはないとみていた田附は売り出動するタイミングを見計らっていた。田附もインド綿凶作という現実を踏まえて買い方に位置していたが、売り将軍の本領発揮の時は近づいていた。

「忽然としてドテン売越しを策し、続いて猛然と追撃売りに転じた田附は、某社の肩替わりで受け品となるや、徐々に人気の裏をかく買い下がりの方針をとった。買うては取り、売っては取るという思う存分の相場遊泳に意気軒昂たらんとする矢先、そこに寸善尺魔が生じた。さすがの田附も不測の事変襲来にはギャフンと参らざるを得なかった。それは明治33年6月北清団匪事変※の勃発である」

※北清団匪事変　明治32～33年、列強の進出に抗した中国良衆の排外運動。山東に始まった義和団（白蓮教系の秘密結社、義和拳と称する武術を習練）の運動が華北一帯に波及、北京の列国大公使館区域を包囲攻撃するに及び、日、英、米、露、独、仏、伊、墺連合軍の出兵を招き、鎮圧された。義和団事件。北清事変。

引用文中の「寸善尺魔」とは、いいことには邪魔が入りやすいことのたとえ。売りで取り、買いで取りの大当たりの田附にも不覚の敗けはある。三品市場は総悲観人気の修羅場と化した。北浜の株式筋などは猛烈に綿糸を売りたたいた。紡績協会はろうばいして三品市場の立会停止を主務省に要請する。取引所の幹部は急遽上京する。「三品小誌」は市場の混乱ぶりをこう記している。

「6月突如、北清義和団事変勃発し、清国向け輸出杜絶となり総悲観人気、惨事の修羅場と化す。すなわち6月23日当限75円80銭、激変の甚大なるまことに戦慄すべく、5月限のごとき、未曾有の大受渡し（1万7875コリ）となりたれども無事受渡しが完了し得たるは市場の大なる進歩として特筆すべし。しかるに紡績連合会は当所に対し、向こう2カ月間新規売買停止の申し入れありたれども、その必要を認めずと解し、回答す」

5月限の受渡高は益東生の買占めの時の3倍にも達した。

4月の高値105円が6月には75円80銭まで崩落するのだから田附も大きな打撃を受けた。田附商店では店員たちも「ここは建玉をそっくり投げるしかありません」と主人に進言する。だが、田附の頑張り方は大変なもので、「忠告はよくわかるが、ともかくここは2、3日様子をみて決める」と二枚腰のねばりをみせた。

梠の森で買いまくる

主務省が大阪三品取引所に対して立会停止を命じたその夜、田附は懐に現金を詰め込むとひそかに上京、東京梠の森市場で買って、買って、買いまくった。江戸っ子の心胆を寒からしめる買いあおりは見事成功する。5日間立会停止のあと再開された三品市場は梠の森市場の反発を映し、猛然と反騰した。田附の作戦は見事に的中した。

紡績会社の操業短縮も買い要因となり、市場の予想を上回る反騰に売り方仲買がお手上げとなり、取引所は「売り玉処分」という前代未聞の緊急措置でこの波乱相場は大詰めとなる。大阪毎日新聞が紙上で「田附将軍」のニックネームを献上するのはこの時だ。田附は将軍の称号を素直に喜び、こう述べている。

「余の一進一退は綿糸市場を高下せしめる勢力あるものの如く思わしめたり。大毎は田附将軍の称号を紙上に発表し、はからずも、一段の褒揚を受くるに至れり」

田附はこの時の戦いを振り返って手記を残している。なぜ苦戦に陥ったのか、そして反転攻撃に至る経緯をつづったもので、「田附政次郎伝」に収録されている貴重な資料で以下に抜粋する。

「余は、これら強気者（欧米通信の便がある綿花商ら）は欧米気配に心酔し、中国、インド、日本など東洋の綿糸市場の実況を察せず、みだりに世界的人気を東洋に当てはめたる誤解のみと断定し、3月上旬より売り方となり、今やこれら強気ものはいずれも戦死し、市場は一般に弱気全盛となり終われり。大暴騰の反動は値段と人気両々一致し、加えて、戦争中のろうばい相場なれば資力の限り奮戦すべき時なりと信じ、三品取引所停止中、東京に上り、東京商品取引所において買い建てしつつ帰阪し、立会再開の三品市場に臨めり」

そして、田附は「好運」との世評に強く抗議し、こう述べている。

「世間は余の今回の成功をもって好運なりと評する者あるも、余は断じて好運のしからしめるものとは思わず、すべて余の努力の結晶なりと信ず」

伊藤忠の重鎮で田附をよく知る伊藤忠三が田附をこう評している。

「初代伊藤忠兵衛は相場がきらいであったから田附に対し、相場をいい加減で止めさせようと思ったが、なかなか聞き入れない。『いくら相場で儲けても銀行が信用しないじゃないか』と言うてみたが、馬耳東風だ。相場はけだし田附の先天的趣味であって、飯よりも好物だった。材料の研究が面白くてやるのだから損しても止めっこなしだ。相場の筋を十分に研究してかかるのだから結局は成功する。三品将軍の名、実に虚しからずです」

投機は必要、不可欠なり

「田附政次郎伝」の別冊として出版された「放言集」は田附の相場観の根幹を成すもので、その中から投機の重要性に関わる部分を抜き書きする。

「およそ投機は政治、教育、その他社会百般の事業に関係するものの必要欠くべからざることにして、ことに経済事業に従事するものは少しの間も離れるべからざる緊急時である。予はかの政治家、宗教家らがその務めるところを神聖無上の高尚事業なりと信ずる。それと同じく財界従業者の投機思想がまた絶対高尚なることを信ずるものである。そもそも投機は精神的行為にして宇宙間より自然的に感応する場合と、事物に当って理解的に判断する場合の二つあるも、いずれも感想的なればその高尚なるほとんど一種の神秘とも言える」

また、当代切っての相場記者、岡村周量（蒼天）はその著「黄金の渦巻へ」の中で田附をこう評している。

「彼は大日蓮の獅子吼よりも、みずからの投機至高至上主義の高唱をさらに尊しとなし、新島譲の薫育よりも、みずからの投機啓蒙思想を意義ありとなし、軍神広瀬武夫の討ち死によりもみずからの逆ザヤ乗り換えを勇敢たりと誇る親爺なのだ。されば、人は彼の気炎に当てられて、兎や角という。しかし徹底もここまで自己流に徹底しきれば、また一種の痛快味をなして、面白いではないか」

全身が投機そのもの

大阪毎夕新聞の岡村周量記者は田附政次郎のことをよく知るジャーナリストである。大正期の大阪三大投機市場、北浜（株）、堂島（コメ）、三品（糸）で鳴らした仕手たちの人間模様を描いた名著「黄金の渦巻へ」の中で田附についてはことのほか力を入れて描いている。

「便所の中でまで売った、買った、と手振りをやめぬ親爺であるそうだが、田附政次郎の全身は投機そのものである。この親爺もなぜだか、堂島のコメだけは手を染めたことはないそうだが、それ以外は、株でござれ、綿糸でござれ、米穀でござれ、銀相場、銅相場、株思惑と、遠くニューヨーク市場まで手を出すほどの阿修羅振りだ。死んで地獄の底までもソロバンは忘れぬのであろう。そして彼が相場道で傑出した点は、人気の裏をかく明智光秀の洞察と倒れてのち止む捨て身の戦術であろう」

「知ったらしまい」――この相場金言は「余りものに値なし」とともに田附のモットーとしてよく人々に知られている。一般大衆人気に向かって捨て身で斬り込んでいくのが田附の戦法だが、この手法で大戦争に勝利してきた。

油断・驕慢を反省、大奮闘を宣言

大正4年は田附にとってはいい年ではなかった。日東捺染会社を設立し、社長に就任するも、次女文子を死なした。綿糸相場も低調だった。欧州大戦は2年目に入るが、市場は糸へん、金へんすべてが冴えなかった。

この年12月末田附は社員を集めて新年に臨む訓辞を述べた。それは田附の反省の弁でもあった。結果的には翌大正5年以降、田附の獅子奮迅の戦いが始まり、大勝利を収めることになるからこの訓辞は田附の相場人生で分水嶺をなす記念碑的なも

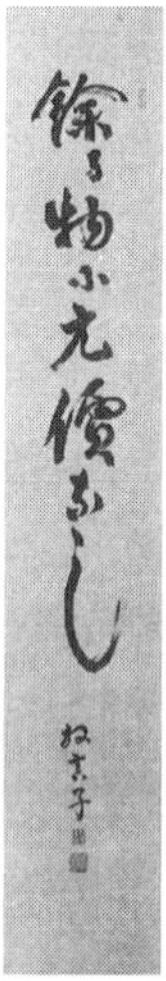

◀田附語録の中でよく知られているのが「餘る物に元價なし(放言子)」。明治33年頃のことだが、綿糸相場が暴落して紡績の原価を割ってしまった。すると経済学者を中心に「原価を下回るとはなんとも不自然だ」とか「こんな不都合があってたまるか」など議論百出する。この時、田附が「余りものに原価などあるか」と言い放った。「知ったら仕舞い」とともに田附語録の双璧とされる。

のである。

「世ノ人ノ失敗、蹉跌ノ原因ハ左ノ二点ニ起因スルモノナリ。一、自己ノ力量ヲ計ラズシテ、量ノコトヲナスコト。二、自己ガ人ヲ過信シ之ニ依頼シテ放置スルコト。余ノ失敗ハ後者ニ属スナルベシ。自己ノ油断、驕慢、自尊心等ヨリシテ招ケルコト……」

反省がなければ、天罰を受け、わが社は破産し、わが輩は人生における敗者となり、再び社会に立つことはできないであろう。田附は反省の弁から一転、生来のブル（強気）が正体を現し、以下のように述べる。

「過去ノ失敗ニ鑑ミ、猛省一番責任者自ラ陣頭ニ立チ、向ウ三カ年間ニ大ニ奮闘センコトヲ決心セリ…将来ハ頭ヲ回スト共ニヨク足ヲ之ニ伴ハザルベカラズ。コノ覚悟ヲ諒シ店員諸氏ニオイテモ一層ノ奮励努力ヲ要スベシ」

この年（大正4年）が冴えなかったのは頭（田附）と手足（店員）のバランスがとれなかったことにあった。来年はみずから先頭に立って頑張るから諸君も一緒に頑張ってくれと奮闘を呼び掛けた。向こう3年間と区切ったのは、この期間が欧州大戦相場のヤマとなると判断したのであろう。そしてこの見通しは的中する。

「不運ノ幕ハ大正4年ヲモッテ閉サレタリ。次ニ開カレルベキ舞台ニ春風オモムロニ花ヲ誘フノ順境ニ向ハンモノト思惟スルニオイテ大イニ勇気ヲモッテ光輝アル大正5年度ヲ迎ヘタキ希望ナリ」

田附の大奮闘宣言通り、大正5年からの大相場にことごとく勝利を収めるのは既述した通りである。

田附はいろいろなニックネームがあるが、初めは「鼻」。令夫人は大変な美形だが、田附はぶおとこで、見合いの時は弟鉄次郎を替え玉に使ったという噂が残っているほど。次いでの異称は「総スカン」。三品市場のだれ彼に金を貸しては、矢の催促をし子分扱いするもので生まれたという異名。

さらには「自信院殿大言壮大居士」。田附流の自己本位のロジックをこね上げることからこう呼ばれた。またの名は「タヌキ将軍」。田附は自分の手の内を他人に明かさなかったから地場のチョウチン筋はやっかみ半分でそう呼んだのだろう。だが、これらの異称は「市井偶語」ともいうべき、市民の会話に出てくるもので、市場記者の間では「将軍田附政次郎翁」と称される。三品市場の隆盛には欠かすことのできないタイラント（暴君）なのだ。

放胆にして緻密

「大阪財界人物史」（国勢協会編、大正14年刊）は田附の生涯について「波瀾曲折に富み、一編の立志伝を編さんするに至る」と述べ、こう記している。

「終始貫串（貫徹）して変えざるものは、氏の剛健な志なり。放胆にして周緻なる行動なり。いくどか危機に瀕して、これを脱却する奇智、妙機に至っては氏独特の才能にして尋常の投機師にあることを恥ずるが故に、世のいわゆる相場師的行動とは常に軌を異にす。とうてい一夜作りの思惑師の敵にあらず」

大阪財界で闊歩する近江商人は多いが、見識、剛腹、放胆、雄弁、勇猛心等々においで田附にかなうものはいない。まさに近江商人の最右翼であり、江商の巨人である。

「氏は綿糸布界のことはいうまでもなく、財界の事情については精通博渉するだけでなく、なにごとについても一個の意見を有す。しかもその意見は言葉巧みで説得力がある。才智鋭敏、頭脳明晰なるによる。氏はすでに還暦を過ぎたが、元気は壮者に譲らず。依然として田附式奮闘を続けてやまず。相場の勝負を一挙に決しようと期している」（同）

金銭に執着しない

昭和8年に刊行された大阪財界の人名録「華城事業界之名流」も田附を「関西財界の驍将」とし、こう評している。

「在来の江州商人タイプと異なり、金銭にさしたる執着はなく、豪放磊落、投機界の大立物であるだけに、乾坤一擲の快事業を好み、名将軍が戦場に馳駆するそれの如く、他をして仰望せしむるの意気に恵まれていた。……田附商店が隆々昌々として斯界に重きを成すを見よ。家の子郎党に至るまでよく氏の意を体して精励する結果であろうが、また氏の指揮指導が烈々たる威力を見せつつあり」

ある人が田附に向かって「あなたはなんのために余計なお金をこしらえるのです」と尋ねた。この時、田附は微笑しながら「なんのためということはない。魚釣りみたいなもので、釣った魚をどうしようというつもりもないが、ただ釣るのが楽しみで炎天も苦にせず1日竿を手にしているのじゃ」と答えた。

田附が還暦を迎えたころ、2代目伊藤忠兵衛が「もう相場をおやめになってはどうです」と持ち掛けた。相場で神経をすり減らすよりも悠々自適の晩年を楽しんではどうか、という意味合いで「相場師卒業」を提案した。この時、田附は憤然として反論する。

「君らは私のやる相場と一般の相場道との違いをみてくれぬから困る。大体自分のやる投機なるものは、自分が経済人として世に処す信念であり、本質的な経済道の出処進退がここに宿っておる。一刻も停止しない物価の公正なる標準と流動をつくるためにも自分の行動は誠に貴重な存在である。決して金儲けだけでやってるものと受け取ってもらっては困る」

その翌年、田附は2代目伊藤忠兵衛に向かって「相場道の極致は仏祖の肝に通じ宗教的な信仰に通ずる」との発言が飛び出し、忠兵衛は「もう相場をお止めになっては、などとは申しません。死ぬまでおやりになるがよい」と兜を脱いだのだった。

公私の勘定を峻別

大阪商人の多種多様な生きざまを描いた「大阪商人太平記」（宮本又次著）でも田附は主役を演じている。宮本は「田附はただの大将ではなく、一段上の将軍だった」として、こう記している。

「田附は自分の玉と田附商店の玉とはっきり区別して相場に向き合った。つまり田附商店の仲買部は、店の玉だけを扱い、思惑的な張り方は一切させず、つなぎ売買しかさせない。そして自分は八田商店などを機関店として、店の何十倍かの投機玉を建てた。そして店の奥のガラス張りの別室に閉じこもりそこから取引仲買に司令を出した」

田附が機関店として使った八田商店とは同郷の先輩、八田知至が営む大阪三品取引所の開所以来の老舗取引員のこと。大阪の富豪として知られる寺田紡績のオーナー、寺田甚与茂も八田商店を機関店にしていた。田附と寺田の玉が入るから三品市場でも屈指の取引員となる。大正時代の大阪における取引員評判記「市場の人」(光末磯市著)にはこう記されている。

「激しい相場生活、温良なお人好しが生きられる世界ではないが、ここに1人の例外がある。それは温雅淳良なる八田知至君である。君は人間の最も難しいとされる『分を知る』ことに心を致して自己の分限を超えるような無理な欲望を制し、よく自らを守っている。人が不相応な相場でも張ろうとすれば、その注文を歓迎すべき仲買人でありながら、これを戒めるような風だ。従って君の生活は質素で着実なもの。交友も少なく、〝三品村〟では秋岡半三(三品取引所4代目理事長)とよかったくらいだ」

当時の仲買店主は公私混同が半ば公然と行われていた。店主が自己玉を張り、もうければ自分のふところに入れ、損勘定は店に付けるといったやり方がまかり通った。その点田附将軍は公私を峻別した。また田附の相場ぶりについてはこう記されている。

「田附は進退自在で、柔軟性に富んでいた。もともと弱気だったが、強弱をたくみに使いわけており、利食いにも腹八分目をモットーとしていたし、玉の張り方も腹八分目だった。それは『投機に必要なのは、資力と精神面での余裕を残すことにある』ということを根本信念にしていた。そして『余は断じて好運を信じない。成果はすべて研究と努力の結晶である』と言っていた。田附は投機即実業説をとっていた」(「大阪商人太平記」)

田附が綿関連業界から将軍として信望を集めていたのにはそれなりの理由がある。相場界で財力を蓄え、地位を求めるようになると、自分は相場師ではない、実業家だと言って居直る面々が多い中で、田附は終生、私は三品の取引員である、つまり相場師であると公言してはばからなかった。田附に言わせれば、「相場師だと言われるのを嫌うのは真の相場師としての品位を持たないからだ」ということになる。ここに田附の面目躍如たるものを感じる。

実業家の足跡も

田附は相場師として超一流であるばかりか、実業界でも大きな足跡を残した。大正8年には阿部房次郎と組んで日本カタン糸株式会社を設立した。イギリス製が市場を席巻しているのに抗して立ち上げた。そして大正8年には東京、大阪、京都、名古屋の同業者に呼び掛けて日本綿糸布商連合会を結成、委員長に就任した。

この年（大正8年）、綿糸布相場が空前の高騰を演じたが、綿糸布商仲間の先物取引（オッパ取引）も大活況を呈していた。三品取引所とオッパ取引は車の両輪にたとえられ、相互に作用しながら天下の糸相場を形成していた。それは永い歴史のある取引である。ところが、司法省からオッパ取引は取引所法違反との通達があり、業界はてんやわんやとなる。業界では昔から商習慣として行われてきたオッパ取引が大審院（最高裁）で違法と認定されたことで、田附は同連合会の委員長として闘いの先頭に立った。

綿糸布商仲間の先物取引の歴史と現状を当局にことこまかに説明し、再三上京して、当局の誤解を解くことに努めた。

田附は得意の弁舌によって当局を説き伏せた。「そんなことをしたら、日本の商業は壊されてしまう」と力説、そのかいあってその年5月26日付で解決をみた。そこには3つの条件がつけられた。

1．格付取引は行わない
2．差金決済は行わない
3．売買単位を制限する

伝統のオッパ取引を守ると同時に営業税の軽減についても委員長として奮闘した。こちらは目標達成まで長時間を要したが、大正15年には素志を達成した。この間、大正10年には田附商店を株式会社化し、みずから社長に就任した。また、大和紡、大阪紡、和泉紡、山陽紡、京都電、日東捺染、東津農業（朝鮮で干拓事業）などの役員を務めた。

京大に北野病院を寄付

田附は公共事業のためにもさまざまな寄進を惜しまなかったが、中でも大阪市北区扇町公園の一角を占める北野病院は大正14年、田附が京大医学部に50万円を寄付、財団法人田附興風会の事業としてつくられた。

「田附は名前を出すことを初めは辞退していたが、京大側の懇望でやっと聞き入れられたほどだった。のちに、同病院に寄付したが、北野病院は庶民の病院として親しまれ、診察料が安かった。これは田附の意志によるものだったという」（「大阪商人太平記」）

田附の寄付額については100万円説もある。察するに、初め宮本又次が言うように50万円拠出し、のち追加して総額100万円にのぼったとみるのが妥当であろう。大正時代の大阪で3大相場師といわれた岩本栄之助が中之島公会堂に100万円、野村徳七が大阪高商（大阪市大）に100万円、そして田附の京大北野病院と3大寄付が鼎立する姿はなんともすがすがしい。

相場における真の勝利者は勝負に勝ったのち、いかにして社会還元を実行できたか、によって決まるように思える。大正時代の100万円は今日の価値に直すと50億円くらいになる。大正米騒動で三菱三井が寄進したのは10万円だったから100万円がいかに巨額であるかを知らされる。

このほか田附は帝塚山学院、大阪商業、神崎実業、彦根高商などにも資金を出し、育英事業に尽力した。

さまざまな田附評

●武藤山治・鐘紡社長

「日本綿業史に不滅の人」

かつて、三品取引所で当時九州紡績の重役であった守山又三氏が綿糸の買占めを行ったことがある。その時、田附氏は売り方の大手筋として売り向かい、ついに凱歌を奏して一挙田附将軍の名声を馳せた。

そのころ私は八木与三郎君の紹介で初めて氏と相識り、以来幾十年ともに綿業界にあって常に親交を続けてきた。紡績業界の驍将谷口房蔵氏が逝き、綿糸界の雄田附政次郎氏を失う。寂寥の感にたえない。いずれも時代の産物にして、再び容易にみることのできない実業的才幹に秀でたる人であって、その芳名はわが綿業史上に永くとどめるべき偉材である。

●阿部房次郎・東洋紡社長

「あらゆる商売は投機である」

世人はややもすれば、故人をもって好運に恵まれた一個の大相場師のように考える。しかし故人は投機をもって世のいわゆる「僥倖」とみることに大反対で、投機は立派な実業であり、あらゆる商売は投機であるという信念のもとに一生を終始した。堂島に覇を称した先代の阿部彦太郎翁とともに故人は華城（大阪）投機界の巨人であるが、この両人は小心肝大の点や機微を察するに巧みな透徹せる眼光を有する点など酷似している。

最も印象深いのは、大正8、9年欧州大戦の最高潮時における大相場に処した故人の態度である。三品市場は日々暴騰に次ぐ暴騰、故人は徹底的に売り向かい、市場は田附に対して総攻撃に出て「田附征伐」の声がやかましかった。1日君に会見し、一時商戦を中止、時機を待つの賢明なるべきを勧告した。君は多大の損失を忍んで戦いを収められた。三品は沸騰、また沸騰で700円に上がるや故人は巧みに商機をとらえ、転戦追撃に移り完全に先の損失を取り戻したのみならず、多大の利益を占めた。この間の肚と機略は誠に立派なもので、天っ晴れな将軍の貫禄に感嘆させられたのである。

●八木与三郎・八木商店社長

「縦横の手腕は斯界の偉観」

商機を察するに明敏な頭脳と緻密な打算をもってし、その縦横に振るわれた手腕はまことに斯界の偉観ともいうべきものでありました。故に三品界では故人を呼ぶのに「将軍」の名をもってしたことは決して偶然ではなかった。実に近世稀にみる綿業界の一大偉人と存じます。いやしくも商機に関する限り自己の主張を堅持して譲ることなく、そのため激しい議論を闘わせたこともありました。昼は卓をたたいて論争した2人が晩に旗亭で相飲んで閑談するという調子で真の無二の親友となった次第で、今なお私が思慕の情を禁じ得ないところであります。

政治にはみずからたずさわりこそしなかったが、深い関心と理解と興味とを持っておられ、大阪を去来する政界の巨頭を招いて時事を談ずることは故人の一つの道楽ともみえました。

故人の性格は強固たる信念と見識に三分の趣味を盛ったものでもあります。各方面への寄付は相当に応じられましたが、特に約100万円近くの巨費を支出して現在の北野病院を建設されたことは最も大きな功徳を施されたことと思います。

●林市蔵・大阪堂島米穀取引所理事長

「政商の真似はしない」

三土忠造※さんと田附君との論陣は、いつも賑やかだった。「田附君は決して月並みの議論ではなく、平素自分らの抱懐せる政策をたたいて、将来の相場の準備にする考えらしい」といわれたくらい、君はいつも問題に対して真剣であった。

君には一つの見識があった。「林さん、私は看板にない商売は致しません」と繰り返された。相場は自分の看板だから決してはばかるところなくやるが、世間によくある政商らしい真似はしないとの誇りであった。これは田附君の明るい特長の片鱗とみれば、田附君の全貌がはっきり理解できる。田附君没後に田附型の巨人を見出すことは永久に困難であろう。

※三土忠造　香川県出身、明治から昭和にかけて政治家。内閣書記官長（官房長官）を皮切りに文部、大蔵、逓信、鉄道各大臣を歴任。政友会に属し戦前、政界の大御所。（1871〜1948）

先物寸言

バロン郷とピンさんのこと

「あのシマ」と「この社会」

郷 誠之助

　ヤマタネさんによると、兜町や蛎殻町が一番盛んだったのは、男爵郷誠之助が東株の理事長だったころだという。当時米穀取引所は郷が主宰する番町会のメンバー、永野護が常務理事に座っていた。郷が鎧橋の南北両岸ににらみをきかしたのは明治44年から大正13年に至る13年間である。ざっくり言えば、株も米も大正時代に殷賑を極めた。当時の兜町について郷が述懐している。兜町のことを「あそこ」とか「あのシマ」といった差別の眼でみる風潮があった。

「私があそこへ入った時、あそこはまだ世間とは没交渉のようにみられていた。没交渉といったら極端だが、よほど世間とは離れた感じがあった。和田豊治・富士紡社長などが、私に会うたびに『君、あの胴取りを辞めたらどうだ』などという」

　慶応義塾に入り、福沢諭吉の教えを受けた和田ですら、当時の兜町はバクチ場であり、取引所の理事長は縄張りを取り仕切る胴元にしか映らなかったらしい。郷はすかさず言い返す。

「君の会社で、もし取引所がなくなったらどうする。株式を集めるにしても、随分不自由ではないか。株というものは、ばあさんのへそ繰りでもっている訳でもあるまい」

郷はことあるごとに取引所の宣伝、吹聴に努めた。それが自分の役目と心得ていた。世間に取引所の存在理由を浸透させれば、仲買人の地位もおのずと向上し、注文も増えるだろうとの読みである。

郷が兜町入りしたころ、「郷は相場をやる」という評判が立った。飲む・打つ・買うの三拍子揃った郷のことだから相場はお手のものとみて、地場の仲買人たちが「相場師郷誠之助」とはやし立てたのであろう。事実、昔の理事長は相場を張った。堂島や北浜では「理事長室から売買注文が飛び交い、スペキュっていた」と記録にある。市場振興を担って理事長が率先して玉を出していたのかも知れない。郷は三道楽のうち、打つことは東株入りを機にやめ、相場も張らなかった。勝ち気な自分には勝負事は向かないと心に決めた。

鈴木　一

ところで昭和45年、東穀取の第5代理事長に指名された鈴木一さんが回想録に書いている。

「青天の霹靂とはまさにこのことだった。私はかつて日本中央競馬会の副理事長を務めた経験があり、この社会はギャンブルの世界、暴力団やクリカラモンモンの人達の多い社会で、時にはユスリとも思われる強要に遭ったこともあるので、聞くところによれば商取業界も柄の悪い人達の世界ではないかと、家に石を投げ込まれるぐらいのことは覚悟していた」

太平洋戦争の終結の衝に当たった鈴木貫太郎首相の長男に当たる鈴木一理事長は、石を投げ込まれるどころか、「ピンさん」の愛称で業界人から慕われ、奇しくも郷男爵と同じく13年間にわたる最長不倒の記録を達成する。ピンさんはかつて、競馬と相場比較論をぶったことがある。

「競馬はギャンブル、相場はスペキュレーション、まことに似たところがある。競馬はスポーツが主で、馬券は従である。商取業界も本来は先物取引の物価保険、すなわちヘッジ機関たることが主で、一般人が相場を張ることは従である」

ピンさんは商取業界を去るに当たって、漢詩をものして謝辞とした。

「青天霹靂至蛎殻　四序移過十三年　今告別業界温情　謝心満腔送残年」（晴天の霹靂とともに蛎殻町に至る　四序移り十三年を過ぐ　今業界の温情に別れを告げんとす　謝心満腔にて残年を送らん）

そして30年の歳月が流れようとしている。バロン郷やピンさんが感じた相場に対する偏見はそう簡単には消滅しそうにない。同志社大学の経済学部長を務め、マネーエッセイストでもある杉江教授によれば、中井竹山の「草茅《そうぼう》危言《きげん》」に源を発しているという。だとすれば、２５０年間も悪者扱いされていることになる。（12・3）

上田常務理事奮戦す
東西コメ市場の柱石

上田 弥兵衛

堂島、蛎殻町の両米穀市場で24年間、常務理事を務めた上田弥兵衛。黄金期から閉鎖に至る四半世紀を裏方として支えた。かつての米穀市場ではこんないぶし銀のような男が縁の下で懸命に支えていた。石田朗元東穀理事長がその著「戦前の理事長」の中に永野護と上田弥兵衛という2人の常務理事を加えたのは、この2人の働き振りを埋没させるわけにはいかないという強い意志の表れであろう。

上田は明治13年兵庫県出身、米穀商上田弥商店の養子となる。同38年大阪高商（大阪市立大）卒、大阪商船に入社、同44年家業の穀物商を手伝いながら大阪穀物商業組合長となる。大正6年、同9年の総選挙に立候補、衆院議員に当選、代議士活動とともに天下の台所・堂島取引所の中枢に座る。

上田が堂島から蛎殻町に転じるのにはわけがある。大正4年末、東米の理事長だった根津嘉一郎がみずから経営する高野登山鉄道に東米の資金を無断で融資した廉で退任、手持ちの東米株を手放す。その株が大阪堂島の理事長高倉藤平の手に渡る。このため上田は高倉の代理人として東米の監査役に就任、同13年には常務理事となる。

上田は昭和14年に米価統制で東米が閉鎖されるまで、常務理事として、指田義雄、窪田四郎、三浦大五郎、早川芳太郎と4人の理事長に仕える。在任中に数々の事件に遭遇するが、米騒動時を述懐してこう語っている。

「ぼくが農商務省に仲小路さんを訪問すると米が高い理由は何かと詰問するから高いのが当然だとその理由を述べた。すると形相を変えて立ち上がって、『そんなことは相場師の言うことだ。そんなことにはだまされんぞ』と言う」

時の農商務大臣仲小路廉は気鋭のやり手と評価は高かったが、米穀市場の実態にはうとく、相場師たちを市場から追放すれば米価は下がるとにらんで、岡半や増貫、伊藤延といった相場師たちをやり玉に上げる。だが、需給ひっ迫と金融超緩慢による米価高騰であってみれば、相場師を締め出しても収まるはずがない。上田は語る。

「仲小路さんはどうしても商人の策動による相場だと言って承知しない。そして暴利取締令を発して市場の買い方に警告を与え、収監までした。ぼくは盛んに政府のやり方の不可な理由を論じ、パンフレットを発表したものです」

当時、有名な相場師増貫は暴利取締令で懲役二月に処せられるが、彼は早くから、「米価を無理矢理抑え込もうとすると、大変な事態になる。ここは高値を出して産地から荷を呼ぶことだ」と広言していたが、結果は増貫の予想通りとなった。

そのころのマスコミは政府のチョウチン持ち一方で、「相場師悪玉論」を展開していた。神戸の鈴木商店が焼き打ちされるのも、マスコミが盛んに「鈴木の買占めによる米価高騰」とたたいていたことによる。上田はまたも農商務大臣から上京せいと呼び出される。

「その時の仲小路さんの態度は前とは全然違って困ったという様子で、『上田君、国家のために一命を捧げて手伝ってくれ』と言われた」

上田は必死で米集めに産地を奔走した。産地で売り惜しんでいる米を買うには政府から指定された値段より高く買った。ほどなく、寺内正毅内閣は混乱の責めを負って瓦解、仲小路も退任。米市場は再び起動し始める。

続いて起こった借金王石井定七による〝爆買い〟のトガメで市場が危機に瀕した

時も上田の奮迅の活躍で市場の火は守られた。上田の活動歴はもっと顕彰されていいように思う。

そして100年の時は流れ、堂島市場は今、コメの本上場に向けて岡本安明理事長を先頭に鬼の形相だと漏れ聞く。上田弥兵衛の背中を見詰めながらの奮闘を祈る。（15・12）

根津理事長誕生の前夜
未曾有の混乱のあと黄金時代

根津 嘉一郎

東京メトロ表参道駅から徒歩7分、根津美術館の入口に初代根津嘉一郎のブロンズ像がある。その多彩な経歴の冒頭に「米穀取引所理事」と彫られている。
かねて「お米の取引所」（東米）の経営に関心を持っていた根津は少しずつ東米の株を集め、まず監査役に就任する。明治31年、38歳のことだ。
「君は監査役となり、明治34年2月には理事となり、翌年1月までその任にあったが、その間君は取引所株を買収して、41年には取引所資本の8分の1を有する大株主となった。しかるにこのころ、松村辰次郎、すなわち松辰の買占め事件なるものが起こった。松辰は思惑による米の買占めにより、巨利を博さんとし、取引所に納入する証拠金にほとんど価値なき証券を担保として提供し、取引所当事者と通謀して米の買占めを続行していた」(「根津翁伝」)

そのころ根津は渋沢栄一を団長とする渡米実業団30人の一人としてアメリカにあった。ちなみに30人の有力財界人のうち取引所関係者は中野武営(東株理事長)、小池国三(山一証券創始者)、岩本栄之助(北浜の株仲買)と根津の4名で、取引所の財界における地位の高さを物語る。

根津の留守中に蛎殻町は上へ下への大騒ぎになっていた。当時、大相場師で東米の監査役を兼ねる松村辰次郎が米の買占めを決行するが証拠金に窮し、担保価値のないボロ株を代用証券として納入、それを取引所が黙認したということで市場は未曽有の混乱に陥る。大乱戦の後始末は「天下の雨敬」の登場となり、その裁定を仰ぎ解合となるが、それだけでは収まりそうにない。青木正太郎理事長の首が飛ぶことになる。

明治42年10月3日付東京朝日新聞は主務省見解として以下のように報じた。

「米穀取引市場の紛擾に付き、主務省は理事長及び監査役2名の解職を執行せり。

元来取引所重役の解任は軽々に行うべからずといえども、本年7月以来行われし米穀の買占めは空前の巨額に達し、一歩を誤るときはたちまち経済市場の攪乱を引き起こす恐れあり。ために当局者は取引所に対して絶えず警告を怠らず、証拠金の増徴について内諭するところありしにもかかわらず、理事長のこれに対する措置はよろしきを得ず、漫然時日を経過し……」

この日、根津ら渡米実業団一行は石油王ロックフェラー邸を訪ね、「180町歩の庭園は深山幽谷に入れるが如し」と日記に記した。

非常事態に事務方トップの宏虎童常務理事は社員を集めて「臨時増証の徴収を進言したけれども理事長に容れられなかった」とし、こう語った。

「理事長はこの際、果断の措置に出ずれば買い方を即死せしめ、買い方に対する弁償の不足額は取引所において当然責任を負わざるべからず。損失を招くべきを憂えてか、容易に決せざる折から、相場は大変動を呈し、……理事長は監督官庁よりも新聞紙よりも買い方と結託せりとの誤解を招き、社会問題を喚起し、もって解職せらるるに至り……」

宏常務のこの説明はまるで評論家であり、当事者意識に欠ける。連帯責任を取ってしかるべきではなかったか。

帰国した根津は「公共の機関を仲買と理事者が通謀、公定相場を乱し、これを食い物にすることは容易ならぬことだ」と激憤、改革に乗り出す。この時、大浦兼武農商務大臣は「青木理事長が自発的に辞職するなら、寛大な方法を講ずるが、そうでなければ取引所に停止命令を出す」との強硬姿勢に青木以下、総辞職、臨時株主総会で根津が理事長に選出される。

「その総会を開くにあたり、株主の委任状の争奪戦が行われ、一時取引所付近に物々しい警戒が行われたほどあった。君は理事長に就任するや、種々の障害を克服し、百幣を根絶して公共機関たる機能を回復、大正5年2月退任した」（「根津翁伝」）

買占めも、解合も、立会停止もいまや死語になった。公共機関を私物化せんとする豪傑もいなくなった。「特定委託者」（仕手）の影もない。だからといって、この市場の発展に汗をかいた先人たちの記録は不滅である。根津改革ののち空前の蛎殻町景気が訪れ、お米の取引所は場内はもとより場外（合百）も黄金期を迎える。

（16・1）

蛎殻町の華・合百の黄金期
投機街の復活はあるか

雑誌、「商業界」のバックナンバーを開くと蛎殻町のにぎわいが活写されている。「狂潤堂主人」と称する仲買人兼相場師の回顧録で、時代は明治24年（1891）だから128年前のことだ。世は文明開化の真っただ中、蛎殻町は黄金期を迎えようとしていた。

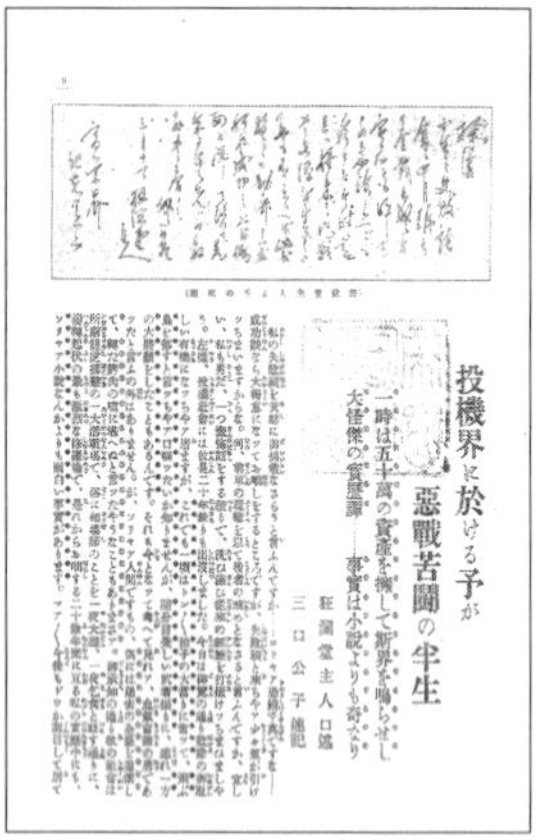
投機界に於ける予が
悪戦苦闘の半生
一時は五十萬の資産を擁して斯界を鳴らせし大怪傑の實歴譚……事實は小説よりも奇なり
狂潤堂主人口述
三口公子筆記

狂潤堂主人の投機半生記

「当時の蛎殻町の景気ッたら嘘のようで、どこの仲買の店をのぞいたって50人や100人の客が群集していない店はなかったくらいです。11時の立会が引けると、5枚の客だろうが、100枚の勝負をする客だろうが、すべての店の費用で三ツ物*に酒をつけてもてなしたものです。したがって小僧や店の者までも生意気なくらい贅沢を尽くしたり、懐も温かだったたから、花柳の巷へ行っても非常な羽振りで、毎晩店へ寝る奴なんざァ意気地がないと言われた」

＊三ツ物　わん盛り・刺身・甘煮または口取り・刺身・焼き肴の三品。

仲買の店頭には客が群がり、昼にはお銚子が一本付いて豪華な弁当が振る舞われる。ダルマ宰相高橋是清も自伝に書いているので蛎殻町の昼飯サービスは古くからの仕来りだったようだ。「相場師が家で寝る不仕合わせ」と古川柳にあるが、儲け頭が郎党を引き連れて花街に繰り出した。

「場が引けると同時に車を雇って○○亭か××楼へ走るという具合いに、ひと晩に2軒も3軒も、多い時にゃ、5、6軒の料理屋や貸座敷を駆け回って歩く。たやすく儲かった金は出て行く足も速く、金を儲けるのは何でもないという観念が知らず知らず染みついて、到底握っていることはできたものじゃありませんや」

蛎殻町はある種の桃源郷のような魅惑の町であった。狂潤堂主人が蛎殻町へ足を踏み入れるきっかけは伯父が蛎殻町で仲買を出していたことによる。初め貿易で身を立てようと上京したものの、「だんだん相場のことも分かってきて、相場社会の目覚ましい活動が血気盛んな私には華々しくも勇ましくもみえてきた。そこで素志をひるがえし相場社会へ馳駆することになっちまった」と述懐する。

そのころ「合百」(一種の賭博、翌日の前場引値を当てっこするゲームのようなもの)は「蛎殻町の華」ともいわれていた。合百師と呼ばれる胴元は110人を数えたが、その顔触れは「斯道の擦《す》れ者」たち。

「土地の仲買の古手が1、2人、渡り者の仲買も2、3人、直屋《じきや》（直と呼ばれる短期売買の仲買）の古狸が4、5人、普通の合百師は客引き店員などの擦れっからしと、客の崩れが多数を占めている」

合百師は法網をくぐっての商売だから営業届など出す必要はないが、だれでも勝手に始めるわけにはいかない。合百師になるためには蛎殻町の親分の許可を得なければならない。身元金として親分に100円預け入れる。もっとも現在は満員状態で、どうしてもやりたいと思えば身元金を200円くらい納めないと合百師にはなれない。この身元金は合百師仲間の損害補てんに充てるもので、廃業する時は返してくれる。

合百師の収入は悪くない。月々100円から300円の収入は得られるからリューとしたいで立ちで、ダイヤの腕輪をはめ、仲買の旦那然とした者もいる。聖なる地、立会場に入ることはできないが、懇意にしている仲買から鑑札を借りて自由に出入りできた。合百師と仲買店主は持ちつ持たれつの関係にあった。合百のことを「表」とか「表戦」といい、新聞の場況でも合百の食い合いを探り、これが立会場の本番にどう影響するか、重要材料であった。

かつて仲買店がいらかを連ねた蛎殻町だが、令和の時代には商品先物取引業者はわずか5社を数えるのみ。町を歩いても相場にかかわりのありそうな人に出会うことは稀である。銅臭もなく、相場臭もない人畜無害の蛎殻町になり果てたが、銀杏稲荷は百数十年間の町の変遷を見守り続けている。

蛎殻町は一攫千金を夢見る男児にとって桃源郷であったと書いたが、盛衰は激しかった。大正時代の熱狂・陶酔・興奮が昭和14年には軍時経済化で米相場の火は吹き消され、長期にわたる死の街を経て、同27年、「赤いダイヤ」の登場で奇跡の復活を果たす。お米の代用品として上場された小豆があのような爆発的人気を呼ぶことをだれが予想し得たであろうか。

たかが小豆、されど小豆。あの小さな一粒の豆によって蛎殻町は相場の街としてよみがえったのである。人に欲望と投機心と一攫千金を夢見る気持ち、そして先行きに対する漠とした不安がある限り蛎殻町は生き返る。作家の井上ひさしは未完の長編「黄金の騎士団」の中で言っている。

「人間は明日が分かるようになるわけがない。人間が存在する限り、先物取引は有用である」

「投機興国論」の大隈重信なら「井上君とやら。御説の通りであるんである」と

満面に笑みを浮かべることであろう。　（16・2）

新年会で「平民宰相バンザイ」
永井末之輔回想記から

永井 末之輔

永井末之輔の回想記「ある商品取引所史の一断面」は東穀の全盛期を知る資料として貴重である。

これは鏑木繁氏が主宰していた月刊誌「商品先物市場」に掲載されたもの。鏑木さんは「投機日報」で儲けた分をそっくりこの雑誌につぎ込んでいたのではないか。売れもしない雑誌をよく続けているものだと、半ば感心致し、半ば同情しながら拝読していたが、今にしていい仕事をしていたなあと感慨深いものがある。

永井さんの回想記によると、東京米穀商品取引所（東米商）の新年宴会は長い間、両国の名所福井楼の大広間を使っていたという。

「両国橋の畔に設けた櫓太鼓から『打ち出し』を告げる揆の音が隅田川の川風を渡って響いてくるころ、私たち手伝いの所員は玄関の受付に立って続々と押し寄せてくる有名無名の各界の客を迎えるのであった」

眼の下何寸という鯛を何百尾も用意するのに賄い方は大わらわだった。年々来客が増えるにつれ立食形式に代わり、大正9年（1920）からは日比谷の帝国ホテルへ会場を移した。

来賓の定連は渋沢栄一、大倉喜八郎、郷誠之助、藤山雷太といった財界の超弩級がズラリ顔を揃える一方、政界からも錚々たる大物が顔を並べた。大正10年の新年宴会には時の宰相原敬が出席した。当時の東米商理事長指田義雄が政友会の代議士で院内総務の要職にあったことで、「歌舞伎の三津五郎、時蔵の余興も終わったころ、原首相が銀髪を輝かして、最後にかけつけて来た」。

宴が終わって原首相を見送るに際し、理事長の発声で「総理大臣バンザイ」を三唱した。その時、永井はほろ酔い気分も手伝って「平民宰相バンザイ」を叫んだ。原敬は首相に就任した当時は「平民宰相」と呼ばれ、国民に親しまれたが、就任から3年近く経って強引な政治手法で人気は落ちていた。それだけに永井の「平民宰相バンザイ」は原自身はもとより、取り巻きの老政客たちにとっても懐かしくも快い響きであったに違いない。永井の手を力強く握り締めてくれたという。その年の暮れ、原は少年刺客に襲われ命を絶つ。

永井の経歴を略記しておく。明治25年生まれ、同43年京華商業学校卒、株式会社東京米穀商品取引所入社。同所第2部商務課長、調査課長を歴任。その後、日本米穀、日本食糧倉庫を経て、昭和27年東京穀物商品取引所業務部長、同33年から同36年まで理事、同52年没。85歳。

経歴の中に第2部とあるのは当時、東米商は3部制をとっており、1部（米、蛎殻町）、2部（綿糸、杉の森）、3部（大豆粕、深川）と、3カ所に分かれていたからだ。

永井は東米商の最盛期を知り、統制経済時代のブランクを経て第2次大戦後の東穀復活までを知る貴重な生き証人。その人となりを知る森川直司元東穀専務に電話を入れてみたが、応答がなかった。さすがの狂気の昭和2年組も雪深い小諸は米寿の身には耐え難く別天地に暖をとっているのであろう。

永井は東米商最後の理事長、早川芳太郎にも筆が及ぶ。早川は昭和5年から同14年まで9年間理事長職にあったが、経済統制が日増しに強化されていく中で、とうとう閉鎖に追い込まれていくのだから、どんなにか、悔しかったことであろう。

早川は日本橋の老舗漬け物問屋小田原屋の跡取りで慶応大を卒業、東海銀行に入るが、大正7年独立して早川ビルブローカー銀行を創立、その資金力で東米商の株を集める。当時の理事長は大株主でなくてはなれなかった。早川は平均1株100円前後で買い集め、理事長のイスに座る。

事業欲が旺盛な早川は後楽園スタジアムの初代社長として開場式で始球式のマウンドに立った。勝負事が大好きで大井競艇の社長に担がれたりした。だが、本業の東米商は出来高不振で株価は下落を続ける。

「非常時に突入し、経済界も統制の色が日毎に濃く、取引所の存在が危うくなっていったため、相当なプレミアムで買った株価も額面を割る事態に立ち至ったのですから、早川氏は高価な理事長のイスを買って、心ならずも葬送の喪主に立たされたわけだ」

松沢与七以下6人の理事長に仕えてきた永井の眼には理事長のポストを全うすることの難しさが焼き付けられた。だから永井は回想記の副題を「いばらの途を歩んだ理事長の群像」としたのであろう。（16・3）

森川直司和尚を悼む

小諸なる古城の辺《ほとり》に没す

東穀の生き字引、森川直司さんが亡くなった。狂気の昭和2年組の一人で、行年88歳。葬儀は小諸なる古城の辺で家族葬だったという。孤高の人、森川和尚らしい最期であったろう。

森川 直司

ノンフィクション作家の沢木耕太郎が相場師の生態を取材に蛎殻町を訪ねて森川さんにインタビューするのは昭和50年ころのことだ。商品先物相場の全盛期のことで、大阪には伊藤忠雄、桑名には板崎喜内人、大垣には大石吉六、静岡には栗田嘉記、東京には霜村昭平、小松夏男、鈴木四郎……らが蟠踞《ばんきょ》していた。当時、森川さんは東穀の一介の企画室長であった。沢木が相場師でもない森川さんを真っ先に訪ねたのにはわけがある。

蛎殻町は一つのシマである。シマに初めてやってきた者はまず森川さんを表敬するのがならわしであった。森川さんはシマの主である。事の是非をはっきりと申す人でこの男を無視して取材活動をしてもロクな記事ができるわけがない。沢木はそのことを予め知らされていたに違いない。沢木は当時雷名をとどろかせていた「桑名筋」こと板崎喜内人について尋ねた。

森川「実は私も彼のことを注目しているんです。相場師というものは、相場に仕えるもので、動きを『読む』が『作り出そう』としてはならない。かつての相場師はそうではなかった。『スクイズ』だの『玉締め』だのプロレスの場外乱闘みたいにフェアーではなかった。ところが、板崎さんは、すくなくともいままでは綺麗な勝負をしてきた」

「相場は神聖であって、人為によって動かすなどもってのほか」というのが森川さんの基本認識であり、本間宗久の「相場は天性自然の理、算用に及ばず」の考えを踏襲する。板崎はそれを実践してその名を日本列島に響かせた。

森川和尚は取引所の職員だから相場はご法度だが、先代が相場通信社を主宰していたから、なかなかの相場通であり、博才も備わっていた。戦後、競馬が再開されて以来の競馬ファンで、休日にはよく馬場に通った。

森川さんは口八丁手八丁で蛎殻町の全盛期に采配をふるい、天皇とも称された人だが、著書も多く、その一冊「昭和下町人情風景」の中で、世にも奇妙な「外れ馬券」のことを書いている。相当な競馬通であることが分かるが、その詳細は平成19

年2月の「先物協会ニュース」を見ていただきたい。そして昭和41年5月29日、福島競馬を楽しんでいた時、あり金はたいてダービーに賭け28万円の大当たり、日程を変更して土湯温泉で豪遊したという。

もう10年も前のことだが、森川和尚、鏑木繁投資日報社長と3人で長崎に本田忠氏を訪ねた。本田さんが、とにかく森川和尚に会いたい、鏑木さんとも旧交を温めたいとの強い要望で、当方は介添役を務めたに過ぎないが、恩讐を超えて長崎会談が行われた。

古き良き時代を語り合うはずが、商品先物界の惨憺たる現況と厳しい未来に話題が及び、本田さんが「期待を持ちたい」とするのに対し、森川さんは「期待は持てない」と断言した。そして7年の時は流れ、ご両人の見解はいずれが「解」か、今もって言い切れない。森川予言が外れてくれることを願うのは筆者だけではないだろう。いや、森川和尚自身が、「外れてほしい」と一番強く願っているに違いない。

和尚は東穀を去ったあとも毎月一日には東穀屋上にある魁神社に参拝し、市場の回復を願う信仰心の厚い人である。長野の古刹活禅寺で得度し、袈裟をまとう身の人に信仰心が厚いなどお門違いもはなはだしいが――。魁神社が姿を消した時、森川和尚は強い喪失感に襲われ蛎殻町の未来を語らなくなったように思う。

これまで昔の人や出来事について分からない時は小諸に電話を入れると延々としゃべってくれた。このエネルギーなら卒寿を過ぎても壮健であられるに違いないと思っていた。「蛎殻町盛衰記」を書きたいと念じている筆者にとっては痛恨の極みだが、寿命とあらば致し方ない。

森川和尚が小諸に終の住処《すみか》を求めたのは活禅寺に近いということのほかに島崎藤村の詩情にひかれたのではないか。その一節――。

小諸なる古城のほとり　雲白く遊子悲しむ　緑なすはこべは萌えず
若草もしくによしなし　しろがねのふすまの岡辺　日に溶けて淡雪流る
（落梅集）

他界したのは平成28年3月5日のことだった。　合掌
（16・4）

ハマの名珠が砕ける時
平沼延治郎の死から112年

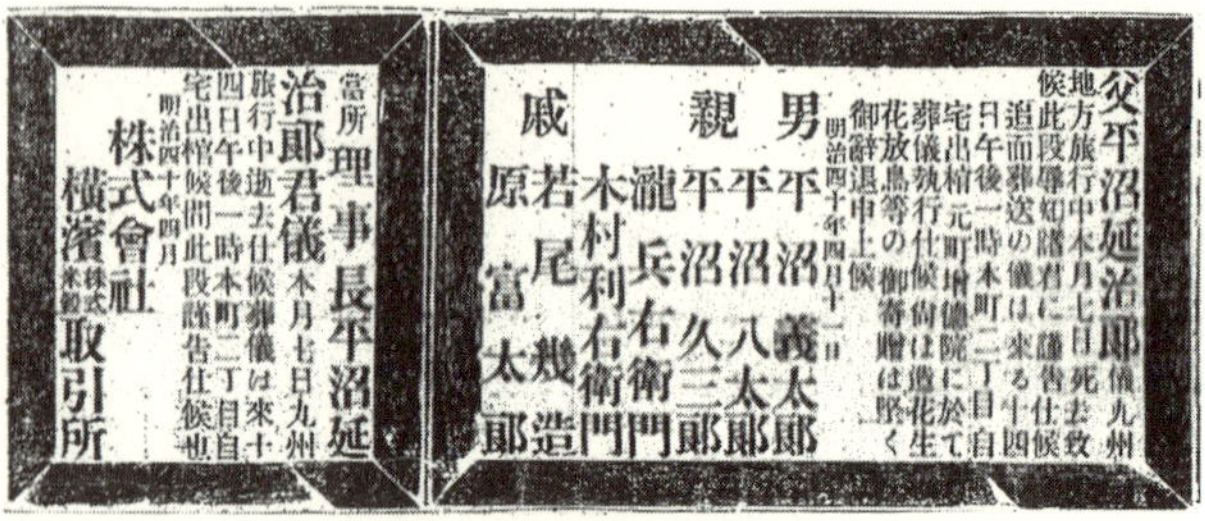

父平沼延治郎儀九州地方旅行中本月七日死去致候此段辱知諸君に謹告仕候
追而葬送の儀は來る十四日午後一時本町二丁目自宅出棺元町増徳院に於て葬儀執行仕候尚は造花生花放鳥等の御寄贈は堅く御辭退申上候
明治四十年四月十一日
男 平沼義太郎
平沼八太郎
平沼久三郎
親 瀧兵右衛門
木村利右衛門
戚 若尾幾造
原富太郎

當所理事長平沼延治郎君儀本月七日九州旅行中逝去仕候葬儀は來十四日午後一時本町二丁目自宅出棺候間此段謹告仕候也
明治四十年四月
株式會社横濱株式米穀取引所

平沼延治郎の死亡広告

日本の近代経済史上で最も激しかったバブル崩壊劇は明治40年（1907）、日露戦勝景気後の瓦落《がら》ではないか。大正9年（1920）の欧州大戦景気が弾けた時、昭和2年（1927）の金融恐慌時も衝撃は大きかったが、株価（東株）でみる限り、日露戦後パニックが突出している。この時、2人の取引所理事長が命を絶った。

ちなみに当時、京浜地区には5つの取引所があった。東京株式取引所、東京米穀取引所、東京商品取引所、横浜蚕糸外四品取引所、横浜株式米穀取引所の5つ。横浜株米の理事長平沼延治郎（43）が同年4月7日、九州耶馬渓に身を投じた。中外商業新報は「余輩は一たび知りて、その悲惨に泣き、再び思うて悵然の情永く、三たび測りて慄然これを久しうせり」と悼んだ。

そして「第二、第三の延氏を生じる無しとも限らず。すこぶる不祥にも似たれど、当然の推理はここに達するをいかんせん」と書いた。株価が底なし沼にはまり込んでいる最中、第二の延治郎が出るかもしれないなどと不吉なことを書いたものだが、中外商業新報の記事は不幸にも的中する。

2カ月後の6月7日、東京米穀取引所理事長の片野重久が56歳の誕生日を一期に割腹自殺した。中外商業新報は「片野重久氏、刃《やいば》に伏して逝く。先に平沼延治郎が耶馬の渓流に入り、いくばくもならずして、このことと遭う。惨風悲雨、わが財界に満ち、傷心人を襲うてやまず」と悼んだ。

2人とも株価暴落で運用に失敗したための憤死であった。ここでは平沼延治郎について書く。

延治郎は名古屋の名門瀧定の出で、横浜の巨豪平沼専蔵の養子となる。横浜の名家、原、茂木とも当主が養子だったため、延治郎も含めて『ハマの三養子』と謳われ、横浜財界をリードする逸材と期待されていたので、入水は痛恨の極み。都新聞は死の原因をこう報じた。

「相場に失敗せるためといい、実家瀧家へ人知れず貢ぎたる結果なりといい、諸説紛々ながら、主たる原因は拝金主義の専蔵を父にいただける養家の家庭の不快なるにたえず、ついに厭世主義となりしものならんとは世評の一致するところ」

養父との折り合いが悪かったというのが世評のようだが、専蔵は横浜切っての金豪。「西の鬼権（木村権右衛門）、東の平専」と称される金貸し王。金貸しはその職務がら「冷徹」と形容詞がつくのが宿命だが、専蔵は「冷酷」と評された。東京朝日新聞はこんな記事を載せた。

「横浜取引所事件のために非常に頭を痛め、さなきだに酒癖のある氏は憂うつを散ぜんとして暴飲を試み、現に出立前、取引所において午餐の丼を食するにも三合ずつ入れし土びん二個を明けしほどにて、暴飲の結果、精神に異常を来し……株式のため、三百万円の損耗をかもしたとの風説伝えられ……」

延治郎が専務を務める横浜銀行はこのため取り付け騒動が起こりそうになり、養父が必死で火消しに努めた。記事に出てくる横浜取引所事件とは、追証攻めに遭っている仲買人を助けるため、横浜銀行から多額の融資していたことを養父から厳しく追及されていた。理事長ゆえの苦渋の選択であったと思われるが、専蔵はそれを許さなかった。

投機の失敗、大投資した鉱山の不振、家庭の不和、養父の厳格さ、もろもろの要因が重なり合って、名勝耶馬渓へ死出の旅に出た。

中外商業新報は「ハマの名珠砕ける」と悔しがった。耶馬渓への途中、門司で船舶王山下亀三郎を訪ねるが出張中で会えなかった。金策のためではあるまい。いとま乞いではなかったか。山下は時々墓参に出掛けた。

筆者も延治郎の墓を探して横浜相沢墓地を訪ねたことがある。平沼家の墓域に延治郎の名を見つけることはできなかった。延治郎の写真も探しているが見たことがない。謎の深い非命の理事長である。（16・5）

親が曲がれば子は伸びる
敗残の背中が発奮剤

若き松下幸之助

各界で成功した人の伝記をたどっていくと、先代が相場で家財を蕩尽したという事例にしばしばぶち当たる。そんな例を集めてみた。題して親が曲がれば子は伸びる。

「経営の神様」松下幸之助の父政楠は相場の盛んな和歌山で米相場を張っていた。だが思惑違いから田畑をはじめ広大な家屋敷、家財を処分しても追いつかない大損をしてしまう。同郷の作家神坂次郎が描いている。

「住みなれた梅檀《せんだん》の木を後に、夜逃げ同然に去っていくのである。家族十人、まだ夜の底が沈んでいくような、薄鈍《うすにび》いろを漂わせた大和街道を、声をしのばせ、もくもくと和歌山に向かって歩き続けた」

この時、幸之助は4歳。松下幸之助出世物語にはこの一家離散の件が付きもののようで、この時の屈辱と父譲りの投機心が「大松下」を産む土壌となる。

松本清張の父峯太郎は下関米穀取引所がホームグランドでやはり米相場にはまる。朝、餅をついたあと、家業（餅屋）は夫人に任せっ放しで、ぞろりとした絹物に着替えると取引所に出掛ける。当時の相場師は一張羅を着て見栄を張り合った。清張は書いている。

「米相場は一日一日の天候が鋭敏に影響する。それで米相場師は大てい天気を見ることがうまかったが、父も天気のことを大ぶん研究して、日がかんかん照っている時でも、ああ今晩から雨だな、と言うと大ていその通りになった」

だが、いくらお天気を当てるのが上手になっても肝心の相場が当たらないと話にならない。夜中にがばっと起き上がって、考え込むようになると、相場師の命運もこれまで。やがて相場の街下関を逃げるように関門海峡を渡り小倉で露天商となり糊口をしのぐ生活となる。

「武蔵野夫人」や大作「レイテ戦記」で知られる大岡昇平の父貞三郎は和歌山の出身で米や生糸の相場師だった。昇平が学校に出す書類の親の職業欄はいつも「無職」だったという。貞三郎は大正9年バブル崩壊は見事に的中させるが、昭和6年、満州事変勃発の直前から大きく買いに出て、大暴落に遭遇、破綻する。貞三郎は死の床にあってもラジオの相場速報を聞いていた。昇平はなにかにつけ、「相場師の息子が」と、軽蔑の眼差しでみられることに反発、大成のこやしとなる。

谷崎潤一郎の父倉五郎はうだつのあがらない相場師だった。古川柳に「相場師が家で寝る不仕合わせ」とあるが、倉五郎はそれとは正反対で晩飯前には必ず家に帰って、晩酌の一本を、ちびりちびりやりながら相場仲間の悪口や世の中に対する不平不満をくどくどと並べ立て、美形の妻せきに同意を求める日々。潤一郎の目には愚鈍な相場師のなれの果てのようにしか映らなかった。

大衆作家として初めて文化勲章をもらった吉川英治の父直広は生糸相場で一攫千金を狙っていた。

「直広は元気になるとまた例の山気を起こした。生糸相場等に手を出し始めた。手を出した生糸相場は失敗続きで、彼の夢も一年と続かなかった。そして気がついてみると、新たにかさんだ借財だけが残されていた」（尾崎秀樹著「伝記吉川英治」）

父を反面教師にした英治は一切相場とは縁を結ばず、相場放送が大嫌いだった。天才勝負師、藤沢秀行名誉棋聖の父重五郎は横浜に居を構え、生糸相場で鳴らした。時には巨万の富を集め、金の詰まった四斗樽を運び込んだかと思うと、一夜で10万円、現在なら億単位の損をしたり、浮き沈みが激しかった。重五郎はまた鉄火場（賭場）にも出入りし、「ハマの重五郎」といえば、その筋には一目置かれていたという。

「善の研究」で有名な哲学者西田幾太郎の父得登は北陸地方では大手の相場師だった。米相場や公債で儲けた時期もあるが、一攫千金を夢見て次第に抜き差しならぬ深淵にはまっていき、先祖伝来の家屋敷を手放す。

世界放浪と反骨の詩人・金子光晴の実父、大鹿和吉は投機心にあふれていた。鉱山に手を出したり、侠客気取りの博打と女遊びにふけり、ふるさとを捨てる。

没落した父のうなだれた背中を発奮剤にその道ひと筋に努力を重ね名を成した面々。失敗は成功の母という。だからといって、美田を残すよりは借財を残せというつもりはない。相場で没落しても悲観することはない。市場の敗残兵にも一分がある。

（16・6）

辛辣極めた蛎街ジャーナル

「米屋町繁昌記」（1913年版）にみる

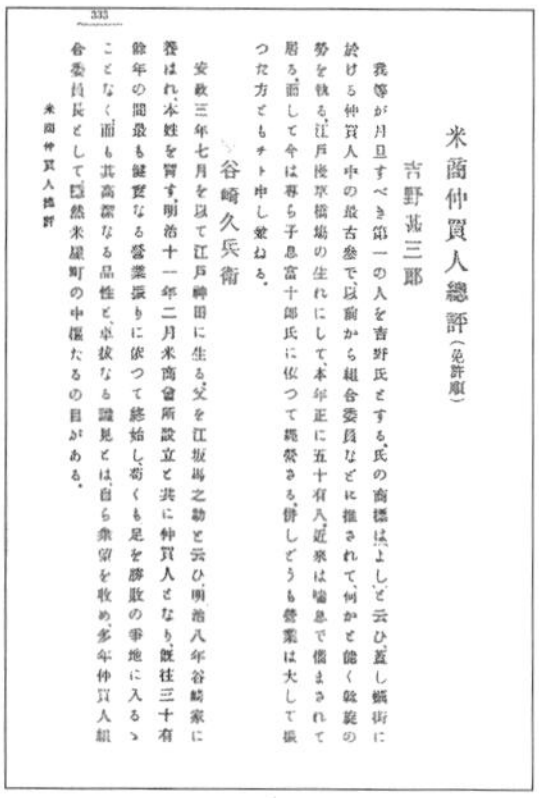
333

米商仲買人總評（免許順）

吉野甚三郎

我等が月旦すべき第一の人を吉野氏とする、氏の商標は〔よし〕と云ひ、蓋し蠣街に於ける仲買人中の最古参で、以前から組合委員などに推されて何かと能く斡旋の勞を執る、江戸淺草橋場の生れにして、本年正に五十有八、近來は喘息で惱まされて居る、而して今は專ら子息富十郎氏に依つて繩蔭する、併しどうも營業は大して振つた方とも申し兼ねる。

谷崎久兵衛

安政三年七月を以て江戸神田に生る、父を江坂彌之助と云ひ、明治八年谷崎家に養はれ、本姓を冒す、明治十一年二月米商會所設立と共に仲買人となり、既往三十有餘年の間最も健實なる營業振りに依つて終始し、苟くも足を勝敗の專地に入るゝことなく、而も其高潔なる品性と卓拔なる識見とは、自ら衆望を收め、多年仲買人組合委員長として隱然米屋町の中堀たるの目がある。

米商仲買人總評

米屋町繁昌記

大正時代は蛎殻町（米屋町）が一番にぎわった。水天宮の交差点でバスが止まると、乗客がどっと吐き出され、銀杏稲荷に向かってまっしぐら。信心深いわけではないが欲の深い面々が、蛎殻町名物合百の銅元を目がけて走りよる。

取引所で立つ米相場を張るには証拠金（担保）がいる。その証拠金がない連中が合百をやる。取引所の前場終値を当てっこ、小額の賭け金で小さな夢を見る。負ければ賭け金が没収されるが、追証はこない。違法行為ではあっても久松警察署は見て見ぬふり。時々手入れをやるのは一罰百戒のため。そんな時新聞は小さく報道するだけ。

合百に血道を上げる人にとっては取引所の先物相場は夢の大舞台。そして顧客からの売買注文を受ける仲買人は高い信用があった。

手元に「米屋町繁昌記」（1913年版）がある。そこから仲買人の評判記を拾い出す。古い記録がどんどん消え去っていく時世、書き残しておくのも八十路の坂を登らんとする者の務めかと思う。

谷崎久兵衛「明治11年米商会所設立とともに仲買人となり、既往三十有余年、堅実なる営業振りに終始し、高潔なる品性と卓抜なる識見とは衆望を収め、多年仲買人組合委員長として米屋町の中樞たり」

文豪谷崎潤一郎の伯父にあたるが、この数年後、息子の不始末をわびて自殺する。

田中秀次「評するだけの価値ある人物とも覚えず」

杉山魯九郎「よほど前からこの道に入っている割に発展の仕方が鈍い」

田林喜三郎「庸劣（平凡で劣る）、吝嗇なれど相当の信用を博す」

吉野甚三郎「蛎街における仲買人の最古参、近年はゼンソクで悩まされている。今は子息富十郎が経営している。営業はふるった方とは申しかねる」

蛎殻町のマスコミは昔から辛辣で戦後も風林火山や藤野洵の筆鋒にそれはみられるが、風林・藤野亡き後は温順円満にして春靄《しゅんあい》の如し。

鈴木由郎「衒燿《げんよう》、ズサン、軽薄、浅慮、いまだホンの若造で、批判は将来にあるかも知れぬが、少しも店に統一がみられぬ」

「衒燿」などと言われてもなんのことか分からない。辞書には「才能を実際以上にみせかけること」とある。若い時はそうだったであろうが、長じて鈴木の名は蛎殻町と兜町の双方で急浮上する。

鈴木は戦後東京穀物商品取引所が創立されると理事に就任する一方、兜町では山吉証券を経営、同時に二十日会を牛耳る。二十日会は地場証券の集まりで、田林、大福、内外徳田、山叶、角丸、玉塚など錚々《そうそう》たるメンバーを擁しその親分格。〝ボンの若造〟も歳月を経て大変身、大出世の一典型か。

林松次郎「すべてのやり方がテキパキしているのは心地よい。同業者はもちろん一般に対しても受けが良い。信用が厚いと尊敬を払われている。日に日に業務は隆昌に進みつつある」

作家の永井龍男が半年ばかり林の店で小僧を勤めたため、その作品に大正時代の蛎殻町の光景が描かれることとなる。

伊藤延次郎「勢州桑名の産、24歳の時、赤手空拳をふるって投機界に足を投じて以来、早くも20年、卓抜にして豪放なるやり方はしばしば奇功を奏し、難局を通過、一方の飛将軍をもって目されるようになり、常に数万の玉を有し、大手筋として知られていた」

桑名の伊藤延といえば大相場師としてその道では知らぬ人はいない豪腕。
高野亀次郎「仲買人組合副委員長、それはただ古参だからというだけで、人物が偉いのか、否かは疑問。営業も大した成績は上げておらぬ。斯界の篤行家と聞く」
初居富三郎「このごろは燈火の滅したように店頭は寂しいが、堅実であることだけは保証できる」
藤田円吉「資性温雅であるという者もあるが、そうではなさそうだ。あくまで地味なやり方で、この店へ行ってみると、田舎の質屋へでも行ったような気がする。店員などは一人もおらぬ」
浜野源一「新宿将軍浜野茂の参謀本部で、一般の客をば一切相手にせぬ。同将軍の波瀾あり光彩ある経歴を描けば随分面白いけれど、これはしばらくお預りする。名義主の源一はその長男で、大抵は新宿の別邸にいるようである」
山野辺時三「前仲買山野辺一平の嗣、今まさに働き盛りの年配で、意志強固で頭脳明晰、顧客の忠実なる仲買人として信用深甚、やや枢要の地位に立っておる。最近は一層拡張の手を伸ばしつつある」
このような評判記に出会うとホッとする。いつの時代でも玉石混交のようである。
（16・7）

仲買人の品格
谷崎久兵衛にみる

谷崎久兵衛

東穀は亡くなっても東穀を支えた人々の足跡は不滅である。東穀の前身、東米（東京米商会所→東京米穀取引所→東京米穀商品取引所）の歴代委員長の中でも突出した出来物であった谷崎久兵衛。毎夕新聞の征矢徳三記者はその横顔をこう描いている。

「その崇高なる気品と性格によって、その卓越せる才幹と見識において、七十余名の同業者中、超然一頭地を抜けるものはヤマジュウ店主、谷崎久兵衛なり。彼の目的は大相場師たるに非ずして、大仲買人たるにあり。彼の主義は一六勝負の思惑を試みるに非ずして、お客大事の顧客本位なり。故に彼の歴史には驚天動地の大波乱はなく、したがって赫々たるものなしといえども、その波瀾なく動揺なきだけ、それだけ多く彼の地盤に強固を加え、彼の信用の深甚を致せるなり」

明治16年、東京米商会所が設立されると仲買人となり、長年にわたって仲買人組合委員長を務めた。創業以来、「顧客本位」を旗印に掲げ手張りも呑み行為もご法度だった。終世委員長の声もかかるが、大正3年8月、突如辞任する。

還暦を目前にして谷崎久兵衛の周辺に凶運が立ち込める。長男平次郎が相場で失敗、同業者に迷惑をかけた。名門ヤマジュウの看板を傷つけたことは久兵衛には耐えがたい不面目な愚挙であった。

熟慮の末、死をもって償うことを決断、大正4年8月1日午後9時、霊岸島から下田通いの大正丸に乗り込む。その時の久兵衛の心中は、東京商業会議所議員として、米屋町の顔として、死しかなかった。つい先年、東米の片野重久理事長が壮絶な割腹自殺を遂げたのを間近に見たばかりの久兵衛には他の選択肢はなかったろう。

新聞は「仲買人、汽船より投身自殺か、小説家谷崎氏の伯父」と小さく報じた。久兵衛の死から4年経った大正8年、弟倉五郎（谷崎潤一郎・精二兄弟の父）が他界する。倉五郎は兄久兵衛とともに東京米商会所当時からの仲買人で、久兵衛のヤマジュウに対し、マルジュウの屋号で仲買人を務めていたが、早くに相場に失敗して店をたたみ、うだつの上がらない相場師として小さな張り子となっていた。証拠金のいらない小バクチの合百でお茶をにごしていたのかも知れない。

後年早大教授となる谷崎精二は父倉五郎について書いている。

「相場師として失敗し、店をたたんでから、父は他の仲買店へ番頭として通っていたが、朝出て、夕方にはきちんと帰ってきた。月に一度位伯父（久兵衛）の家で晩飯を馳走されて8時から9時頃帰ってくる以外は何年もの間、よそで晩飯などを食べてきたことがない男だった」

次に名門ヤマジュウが新聞ダネにされるのは大正15年7月のこと。当時ヤマジュウは久兵衛の次男善三郎が代表を務めていた。

「谷崎善三郎氏の経営するヤマジュウ商店は突如、蹉跌が伝えられた。元来、同店は東京市場における最も堅実なる店舗と目されていただけに一時は事の意外に驚かされた。氏は稀にみる温厚篤実なる人格者にして副委員長の要職にあり、市場内外の同情はどっと集まり、新聞もまた沈黙を守り、その復興に百万手を尽くしたが、ついに閉店の止むなきに至ったことは甚だしく遺憾とされている」（中外商業新報）

そのころヤマジュウの台所は火の車で、街の金融業者で相場師でもある馬越文太郎の融資を受けていたが、6月限の綿糸の受渡しに際し、馬越が現受けさせた後、倉荷証券を取り上げ、代金は債権と相殺となったため違約となる。この時、ヤマジュウと縁の深い侠気の相場師、新宿将軍・浜野茂の支援で取引所になんら迷惑をかけることはなかった。だから新聞は「谷崎氏の捲土重来を祈念してやまない」とエールを送る。

東米・東穀140年の歩みで名理事長の顕彰は石田朗氏の「戦前の理事長」に詳しい。その理事長を支えた組合委員長（戦後の東穀協会会長）はもっと評価されなくてはなるまい。その代表格たる谷崎久兵衛の生涯は晩年暗転するが、カネよりも命よりも名を惜しんだ男の事跡は21世紀に語り継がれなければならぬ。（16・8）

重い東米商理事長ポスト
米価の威力に跪《ひざまず》く財界人

大正時代の
東京米穀商品取引所

蛎殻町が一番華やいだ大正期、東京米穀商品取引所の理事長ポストを巡って権謀術数が渦巻いた。明治43年、時の理事長青木正太郎はこともあろうに天一坊松谷元三郎のコメ買占めに加担したとの説も流れて、農商務省の逆鱗に触れ、心ならずも退任する。そのあとをうかがうのが根津財閥の開祖、根津嘉一郎。どこで、どうして買い集めたのか、東米商の総株数6万株のうち2万5000株の大株主となっていた。青木の失脚を待ち構えていたかのように理事長に名乗り出る。

「これで四海波穏やかといきたいが、元来、専制好きの根津君、仲買どもを見くだすこと家来の如く、お山の大将もどきに弱きをくじいて至らざるなし。仲買連もしばらくは長いものには巻かれろで、柔順そうにして隙をうかがっていた」（時事新報社編「ビジネスセンター」）

株数にモノを言わせての圧制下、仲買人たちの不平不満が充満していた折しも根津が取引所のカネをみずからが社長を務める高野登山鉄道に融資していたことが発覚、勢いを得た仲買連は遮二無二辞任を迫る。さすが剛腹な根津も辞めろ、辞めろの大合唱に降参する。

根津の辞任を巡って大騒動となる。根津は持ち株を神戸の広瀬千秋なる金持ちの息子に譲る。理事長という景品付き株券をうたい文句にびっくりする高値で引き取った広瀬は理事長気取りで取引所に乗り込む。

ところが、そこには「泣き落としの名人」と称される指田義雄が理事長代理で頑張っている。毎日指田の泣きを聞かされるのにうんざりした広瀬はせっかく手に入れた株を河村寛祐や砂糖屋の熊取谷らに売り渡し、東米商に見切りをつける。そしてとうとう指田が理事長に就く。

折しも欧州大戦景気で株価は空前の大波乱を演じる。蛎殻町は場内（先物）も場外（合百）も未曾有の大にぎわい。大正4年には1石（150キロ）12円だった米価が大正8年12月には52円50銭まで高騰、同11年10月には24円に暴落する。1日の出来高が50万石に達することも珍しくない。

「この間に有名な岡半右衛門が大買占めをやったり、富山では女房一揆が勃発して焼打ちやら軍隊出動やら。かしこくも皇室からご内帑《ないど》金300万円を賜って米価暴騰を救恤《きゅうじゅつ》される。政府でも見ておれず大正7年8月、国庫金1000万円の支出を決定した」（同）

藤田 謙一

黄金の指田時代が現出するが、好事魔多し。指田は突然病没する。大正15年9月のことだ。これより先、指田は東京商業会議所の会頭も兼務していた。この時、すかさず理事長の後釜を狙って策動するのが東京商業会議所会頭の藤田謙一。藤田は金繰りに困っている仲買人たちにカネをバラまき、理事長運動を開始する。効果はてき面、仲買人たちの間から藤田理事長待望論が噴出する。そして大正15年末には東米商の株主総会で理事長に選任される。

ところが、農商務省に副島千八という商務局長がいて、かねて藤田の言動を苦々しく見詰めていた。副島は取引所法の第何条かをたてに藤田の理事長就任にNOを突きつける。やむなく藤田は理事長就任をあきらめるしかなかった。この時、藤田の向こうを張って理事長に意欲をみせたのが窪田四郎。戦前、戦後に農林大臣を務めた内田信也の実兄。

窪田は東京高商（一橋大）卒、三井物産入社、北海道炭鉱支配人、富士製紙専務から社長に就くが、製紙王大川平三郎に買収され浪人となり、うつうつたる日を送っていたが、昭和2年東米商理事長の金的を射落とした。

有力財界人が争って理事長のポストを乞い願った東米商の「景色」やいかに。総地坪88坪、事務所と立会場が半々、「村芝居の小屋掛けくらいのもの」と評される。所員は第一部（米穀、蛎殻町）43人、第二部（綿糸、椙の森）19人、第三部（豆類、佐賀町）12人、総勢74人の小所帯。仲買人は第一部が50人で第二部、第三部を兼ねるが、椙の森には専業が14人いたから、実数は64人。

蛎殻町はしばしば兜町と比べられる。兜町は近代簿記が主流なのに蛎殻町は大福張が罷り通る。蛎殻町は兜町より10年は文化の程度が遅れていると酷評されるが、それでもそのトップの座に財界人が食指を動かす。

それはコメの力であった。米価本位制の御世、コメ相場の決定権を持つ東米商の存在感は底知れぬものがあった。なりは村芝居の小屋掛けかもしれないが、そこで時々刻々生まれる米価は庶民の台所から農家のふところまで直撃した。戦後、米価の季節になると鉢巻き締めた農協の猛者たちが米審会場に押し寄せた光景もそんな昔ではない。（16・9）

堂島取の基礎固めた岡弥蔵
「相場をやらんと生きる価値ない」

岡 弥蔵

東京穀物商品取引所（東穀）が初立会を行うのが昭和27年10月10日、初代理事長は山崎種二。ヤマタネは自ら場に立ち手を振ることはなかったが、商い振興に腐心した。大阪穀物取引所（大穀）は東穀に先立つ10月6日、産声を上げた。初代理事長の岡弥蔵は自ら立会場で手を振った。岡は当時を回想して語っている。

「私は場に出て、手を振って、買い手がなければ買う、売り手がなければ売る。

いこともあった」

好きでなければやれん。好きだからやってきたが、場は私がいないと商いができな

東穀は発足から10年間に理事長が山崎種二、木谷久一、加藤兵八、鈴木四郎と4人を数える。一方の大穀は岡が再任に次ぐ再任で、11年間務め、在任中に亡くなり、西田三郎商店の西田三郎が後を継ぐが、岡が健康ならもっとやっていただろう。

岡は立会が始まると、必ず高台に現れ、その風貌は「大相撲大阪場所の立行司の風格がにじみ出ていた」と伝えられる。

東穀は平成25年、61年の歴史に幕を閉じたが、大穀は関西農産品取引所（関農取）、関西商品取引所（関取）と名称を変えながらも現在の大阪堂島商品取引所へとつながり、「お米の取引所」として存在感を高めつつある。

ヤマタネのことは数々の伝記小説があふれ、よく知られているが、大穀の基礎を固めた岡弥蔵のことはあまり知られていない。

岡弥蔵はヤマタネより4年先輩の明治22年大阪市出身、兵庫県城崎郡蚋中高等小学校卒、同42年大阪の米穀問屋井上伊作商店に入る。大正2年独立して米穀商を開業、昭和2年大阪米穀同業組合評議員、同12年西淀川区米穀小売商組合理事長、同23年食糧配給公団大阪府支局参事に就任、同26年第一食糧事業協組理事長、同27年

大穀初代理事長、同38年現職のまま他界、74歳。この間、全国食糧協組連合会（全糧連）理事、大阪米穀運輸社長、大阪食糧倉庫会長などを務めた。

岡は数多くの公職をこなしてきたが、世話好き、交際上手のうえに、リーダーシップに恵まれていたからだろう。大正7年の米騒動を述懐してこう語る。

「軍隊が出動したが群衆が引かんもんだから軍や警察が一升50銭したものを一升25銭で売ると紙にデカデカ書いてフレを回し、強制的に持ち米を売り渡させられた。そうでもしなかったら群衆は退散しなかったろう。私たち小売屋は騒動が起こってウロチョロしているうちに軍隊が出動し、警察が来て、米はどこにやった、どこに隠したとうるさいことになったが、とにかく騒ぎは治まった」

岡は生来、相場と競馬が大好きである。「相場は頭の健康、競馬は体の健康」というのが岡の持論で、相場を語り出したら止まらない。長広舌の一端を雑誌「月刊穀物」から再録する。

「相場をやっているとボケないよ。そしてカンがよくなるというか、冴えてくる。私は田舎から裸で出てきたのだからなくなってもともとだ。なくなったからといって郷里から持ってくるわけにはいかない。持って行くぐらいがセキの山だから気楽な気持ちでやれる。相場は、夜眠られないほど張ってはならんというけれど、好きなればこそ張るのだから、そこにまた相場の妙味というか、魅力があるんだろう」

岡は競馬を愛好し、馬主になったこともある。競馬場に行けば適度な運動にもなる。そして競馬場で動いている金のいくらかを取ってやろうと研究を重ねた。

「ところがじゃ、これも相場と同じで面白いが、知れば知るほど奥が深い。奥は真暗じゃ。ほどほどにせんとアカンことを知った」

岡は株もやる。昔は選挙が近づくと株価が動いた。センセイ方が選挙資金稼ぎに動いたからで岡は選挙銘柄で勝負したこともある。岡はまた、「相場を張らんという人の気がしれない」という。なぜか。

「人間で生きている以上、右か左か、どっちかに行かなければならん。相場は売りか買いかのどっちかを決めるのだから『相場をやらん』という人は、私に言わせると、自分の行き先を決定できないようなもので、生きている価値がないような気がするんだ」

（16・10）

横浜市場を賑わした面々
グレート・スペキュレーターも

吉村 友之進

明治以来、京浜地区における投機市場としては株の兜町、米の蛎殻町、生糸の横浜（南仲通）が三大マーケットとしてにぎわった。横浜開港以来、生糸は「輸出の大宗」と呼ばれ、為替相場ともども波瀾曲折を重ねてきた。「天下の糸平」や「天下の雨敬」が辣腕の外商たちと丁々発止の大勝負を繰り広げてきた。

古来、相場は一寸先は闇であり、神のみぞ知る世界である。「思うようにならぬは加茂川の水と山法師、サイコロの目と相場なりけり」と古人は慨嘆した。

そんなことは百も承知で生糸相場に挑戦し、腕力で相場を動かそうとした面々のことをマスコミは「変態性財欲病」などと茶化すが、明治後期に入り、日本経済が近代化の道を力強く歩み始める中で、横浜南仲通は兜町や蛎殻町に負けない活況を呈した。兜町や蛎殻町の仕手戦はさまざまに記録され、小説やドラマに描かれているが、横浜の銭取り合戦を「ビジネスセンター」（報知新聞社編）に拾う。

明治29年から翌30年にかけての買占め戦。2代目矢島善七と矢島栄之助が買い出動すると待ってましたと売り方の包囲攻撃を食らい、退散。代わって根津財閥の祖、初代根津嘉一郎が買占めを図るが、これまた失敗。

続いて名乗りを上げたのが信州須坂の人、牧新七。苦心惨憺の末、史上初めての100円相場を達成、農家は拍手喝采を送るが、米国とスペインがキューバ問題でいがみ合い、砲声一発で75円に暴落、解合騒動に発展する。売買双方が高名な弁護士を立てての談判となるが、買い方がすでに財布の底をはたいていて、ラチが開かず、ウヤムヤに終わる。

次いでは椎津正兵衛と東北の米竹が馬車道の「正直屋」長谷川栄太郎を参謀にして買いまくる。当限が150円台に暴騰するが、資金難からつぶれる。お定まりの解合は100円がらみで決着するが、売り方の大勝利となる。

さらに天田周人と福井の小川喜三郎が買い進むが、これも志半ばで退場を余儀なくされる。これだけ買占め失敗続きでも「われこそは」と腕白自慢が跡を絶たない。

明治39年から40年にかけて、木善こと木村善三郎、一の宮の製糸家田中鉄三郎が買占めに陣取り、田中新七が売りまくる。豪腕木善も一敗地にまみれる。買占めがいかに困難で、割の合わない難事業かを物語っている。糸価が安く、養蚕家が苦吟している話を耳にすると、相場師特有の男気をかき立てるのであろうか。

私的買上げ機関を買って出た買い仕手たちはことごとく敗退していくが、公的買い上げ機関たる帝蚕会社は2度誕生、2度とも大成功を収める。1回目は大正3年、2回目は大正9年の暴落時だが、国が買い上げ資金を提供、横浜の商人たちが買い入れを行い、糸価が回復するとさっさと解散する仕組みだが、原富太郎や茂木惣兵衛たち横浜の新鋭・古豪が相場観を働かせ智恵を絞っての糸価対策の成功はその後、さまざまな市況商品に適用されることになる。

横浜市場をにぎわした相場師として見逃せないのが、吉村将軍こと吉村友之進。吉村は和歌山で製糸業を営むかたわら、横浜に陣取って、ハマ糸相場を動かした。「ヨシムラ」の名は遠くニューヨークにも轟き、「グレート・スペキュレーター」（大相場師）としてその動静が注目されていた。

新繭が出始めると、吉村は横浜の旅館に長期滞在して戦いに備える。高級料亭「千登勢」や「美登里」に一門の軍勢を召集して、壁にかけた大きなケイ線をにらみながら激論を闘わせ、売買する方針を決める。吉村将軍の出陣が決まると、機関店を呼び付けて〇月×日攻撃開始を通告する。この作戦会議には吉村の盟友小島兼太郎もしばしば同席した。小島は電光将軍と呼ばれ、変わり身の早い相場師として第2次大戦後も活躍した。霜村昭平らと交友があった。（16・11）

お客には絶対迷惑かけない

細金雅章自伝を読む

細金 雅章

小林洋行のオーナーだった細金雅章の自伝「人生は挑戦と見切り」の中で注目すべきは、「蛎殻町の花」といわれた合百のくだりではなかろうか。水天宮で乗り合いバスが止まると、どっと吐き出された乗客は銀杏稲荷に向かって突進する。そこには合百の胴元が待っている。自伝による。

「人形町、芳町辺りが栄えたのはこの合百があったからだ。所轄の久松署では時々取締まりに出るが決して本気でやるのではない。だから取締まりといっても少数の逮捕者を出すくらいでお茶を濁してしまう。米穀取引所の内部にも周辺にも人だかりができて二カイ三ヤリとにぎやかなこと。合百の決勝点は取引所の午前11時からの立会値段、この前場終値（公定相場）の上下の当てっ比べである」

白昼堂々の賭博だから久松警察も時折、手入れを行うが、それは形だけで、終わればまた元の賑わい。合百の注文を受ける胴元の合百師は十数人いた。競馬の呑み屋よろしくリスクを一手にかぶるが、負けて退散するようなことはない。損勘定の客から入金が遅れても立て替えて支払いを済ます。支払いを遅延させるなど論外である。

「もし合百師に支払い遅延のようなことがあると、その情報はたちまち蛎殻町中に拡大して、相手にする人は皆無になってしまうほど信用を重んじた。その売り買い注文者などを記入した一寸幅くらいの細長い紙片が元帳である。万一、合百師が検挙された場合にはその紙片をのみ込んでしまったなどという話がある。客の名前など絶対に出さない。注文者の名前など聞きもしない。顔と記憶と記号だけですべて処理した」

お客に絶対迷惑をかけないという不文律が合百の街・蛎殻町の神髄で、合百人気を支えた。合百は表戦とか場外とかいわれるが、取組みが大きく膨らんでくると、場内の取引所相場をもゆるがす力となる。新聞の相場欄にも合百の取組み関係が登場する。こうなるとまさに昂昂然の秘密で細金翁は「合百は芸者の売春行為とともに公然の秘密といわれた」と語る。

翁が蛎殻町で東京米穀取引所の仲買人・赤津商店の外務員になるのは大正10年、28歳のことで、以来平原商店、野瀬商店、増井商店、海野商店などを転々としながら十数年蛎殻町で客外交に従事した。客外交は外務員であると同時にみずから相場も張る。エース交易のオーナーだった榊原秀雄氏の回顧談には必ず客外交時代の悲喜こもごもが登場する。

細金翁は外交員でありながら先物相場や合百に軸足を置くようになる。それにはわけがある。

「わたしの性分はお客に損をかけて泣き事を聞くのが大きらいである。自分が怨まれているようで、外交業務は気が乗らない。従って外交的手腕は落第点である」

翁は「合百の雄」と呼ばれるほど勝ちまくった。だが、苦手だったのが川口関之助とヤマタネこと山崎種二。翁は語る。

「ケタ外れの大敵は合印川口商店の主人川口関之助で、この人に出られたら5万石くらいまでの玉数を出して強引に値をつけられるのだから、馬鹿らしくて相手になれない。1、2回地場の者たちがヤマタネさんに話して私の玉をつぶしてしまったこともある。私は空砲であり、ヤマタネさんは実弾入りの大砲である。勝負にならない」

細金翁の自伝の中にどきっとするくだりがある。

「すべての賭け事はその場所、そこに働く人、税金等に充当されて客には千分の一も戻ってこないものと思えばよい。このようなことを他人にすすめるのは本意ではないが……」

忸怩《じくじ》たる思いをしながら外交活動をしていた細金翁だが、いよいよ相場師として生きる決断をする。

「相場に対する自信は少しずつついてきた。経験を積むにつれて『大局観に立っての判断により資金さえあれば取れる』と確信が持てるようになった。こうして小なりといえども相場師として生きるべく覚悟を決めた」

戦中から戦後にかけ、鉱山師、三共ラヂエーター社長、茨城下駄製作所所長、玉屋製菓などさまざまな事業にかかわったのち、小林洋行の外務員として蛎殻町にカムバック、相場で連戦連勝、小林洋行の経営権を取得する。天性の相場師細金雅章逝いて39年になる。（16・12）

徳がなければ金は逃げる
三品市場の仕手、西山九二三

鏑木繁さんはいい仕事を残している。大先輩に向かってこんな不遜な褒め言葉など失礼千万だが、「今は昔相場物語」を読むと改めて敬服する。その中から戦後三品市場の大仕手、西山九二三のことを取り上げたい。

西山 九二三

今は知る人も少ない西山九二三は明治37年(1904)、大阪三品取引所の仲買人、八田知至商店に入る。西山はそこで小僧となるが、足が大きくて「八田の11文半」とあだなされる。西山が仕えた主人の八田知至は相場社会で異彩を放っていた。当時の新聞評が残っている。

「激しい相場生活！　そこでは人心の鋭さとずるさとが培われる。一と癖も二た癖もある人間の集まり、それが市場なのだ。人の好い者は押し倒されて生存の権利を奪われてしまう。これが市場の常態である。温良なるお人好しの生きられる世界ではないが、ここに例外が一人いる。それが温雅淳良なる八田知至君である。……今日の大を成したのは奇蹟ではないまでも、異数であり、驚異であらねばならぬ」(大阪今日新聞社編「市場の人」）

そんな八田親分のもとで修行を積んだからこそ、昭和13年に独立して西山商店を設立以来、驚異の大ジャンプが始まる。同15年、朝鮮に渡り、百貨店ニシヤマを経営、しいたげられた朝鮮人の心情に思いを寄せた。やがて戦争で引き揚げる。

「その時、百個の荷物を内地に送り、京都に居を構えたが、なんと、百個の荷物が一個の紛失もなく全部届いたという。これというのが、氏の人間性が朝鮮の人たちにも反映し、その恩義に対する感謝の気持ちが、荷物の完全到着となって現われたのである。まさに『陰徳あれば陽報あり』である」（「今は昔相場物語」）

戦後の商品先物界は「赤いダイヤ」の小豆と三品が人気を二分したが、「西山相場」という言葉が残っている点に明らかなように最盛期は飛ぶ鳥を落とす勢いがあった。

そのころ禅僧の最高峰、京都大徳寺の立花大亀和尚と西山が対談した。

西山「日々稼いでいる金じゃなしに、これだけ儲かったという大きな金は自分から求めて儲かるものじゃないですな。不思議なものですわ。金は自分の金と思うのがそもそも大きな間違いかも知れん」

立花「結局は『徳』ですよ」

西山「そう、徳がなければ、金は逃げます。えらい目ばかりで少しも残らない。それと儲ける人はあるが、三代目にはつぶれることに決まっておる。自惚れたら最後ですわ。ガチンと損する」

大亀和尚と50人の経済人の問答集は昭和31年「人生問答」と題して出版され、大いに話題を呼んだ。それにしても50人の中に商品先物界から西山と山崎種二が登場、気炎を吐く。経済界における商品先物の位置付けが偲ばれて隔世の感がある。器は小さくても日の出の勢いに背中を押されて、糸と豆の世界の代表がノミネートされたのであろう。

ちなみにヤマタネは和尚との問答の中で面白いことを言っている。和尚が「先物取引が問題になっているようだが」と水を向けると、ヤマタネはひざをたたいて先物を礼讃する。

ヤマタネ「あれ（商品先物）に気持ちを向けて競輪、競馬を廃止さすわけです。経済に魅力を持たせ、ソロバンに基づいた健全なる投機を培養し、不健全なる投機心理を国民の中から自然に消滅さすのが狙いで、私どもはそれが念願です」

立花「そういうふうに転換していくと結構ですな」

ヤマタネ「相場はやはり人生です。相場と苦楽、相場と人生を考えたら、これほど人生修行に好いものはありません」

さて、「西山相場」の時代も長続きはしない。一敗地にまみれた西山は近藤紡社長の近藤信男に見込まれ、多田商事の経営に当たる。

「昔ほどの元気はなくなったようだが、相場のカンは衰えてない。値を書いた店内の黒板を眺める西山氏の姿には昔の面影が残っている。一層の健闘を祈ってやまぬ。『相場は人を鍛える』というが、なるほどと思い当たるふしが多い。勝負に徹すること、これもまた人生である」(「今は昔相場物語」)

鏑木さんは「相場は生きている。生き続ける。相場は人生の縮図である」と言い切る。今年も鏑木さんの警句に啓発されながら相場にまつわる話を書き続けることになろう。(17・1)

カラ荷事件の謎は残る
東穀、60年前の大珍事

東穀がオープンして5年目の昭和32年5月、いわゆる「カラ荷事件」が勃発し、蛎殻町を震撼させた。現物の裏付けのない倉荷証券が受渡しに供されたとあっては、史上空前の大珍事である。

最終的には木谷久一2代目理事長の退任にまで発展していくこの事件の突端は同年5月5日付日本経済新聞。朝刊第2面の「小豆4月限受渡しにカラの倉荷証券」と題するこの特報記事を以下に抜粋する。

小豆四月限受渡しに
カラの倉荷証券
東穀取の北信物産 業界に波紋

カラ倉荷証券事件を特報した日本経済新聞
（昭和32年5月5日付）

「東穀の仲買人北信物産（社長岩崎信義氏）は経営の生き詰まりから4日、東穀に休業届けを出した。同社が先の小豆4月限の受渡しに使った倉荷証券は、それに見合う現物の代金を支払っていない違法なもの（いわゆるカラの倉荷証券）であったことが明らかになり業界に波紋を投げている。買い方は『この倉荷証券が受渡しされなかったなら、小豆相場も全く違ったものになっていたかもしれない』として問題を重視し、損害賠償の訴訟を起こす準備を進めている」

問題の倉荷証券は東洋海運倉庫発行のもの。倉荷証券は貨物引換証の提示があってはじめて発行できるが、同倉庫はその提示を受けずに北信物産に倉荷証券を渡してしまった。北信物産はこれを取引所とザラバ（市中の先物取引）の受渡しに使っていた。

東洋海運倉庫が発行した倉荷証券は約9000俵分で、そのうち4月限の受渡しに使ったのは223枚（4600俵）。東穀の受渡し数量は2856枚（5万7120俵）だったから、受渡しの1割弱がカラの倉荷証券だったことになる。しかし、事情通はカラ荷は300～400枚に及ぶとみている。ザラバの分も含めるとそれくらいに達したかも知れない。

東穀の山根東明常務理事はこう語る。

「東穀始まって以来のことだ。取引所としては指定倉庫が出した倉荷証券は信用せざるを得ず、それがカラであるかどうかを確かめることは事実上できない。法律的にどういうことになるか、特別委員会を設け、なんとか円満な解決を図りたい」

買い方大手吉川商店の小林総務部長「全くけしからんことだ。このためにこうむった実害と信用をきずつけられたものは大きい。今後のことは社長（吉川太兵衛）が法律家と相談しているから分からない」。

蛎殻町かいわいでは今度の事件について、①北信物産と倉庫会社の共謀ではないか、②北信物産が倉庫会社をおどらせたのではないか、③北信物産以外の売り方も共謀して倉庫会社からカラ荷証券を出させたのではないか、などといったさまざまな憶測を呼ぶことになる。日経は「一昨年（昭和30年）の総解合に次ぐ不祥事で、一部には取引所そのものの廃止論も台頭している」と警告する。

東穀は11日の臨時理事会で一部買い方の受けた損害補償は次の方法で処理することを決めた。
①北信物産が受渡しに使ったカラの倉荷証券は218枚で、受渡し値段で計算すると、3636万円となる。これは北信物産が取引所に納めている会員信認金その他の約700万円を没収し、残る3000万円弱は取引所の違約損失補償準備金を取り崩して充てる。
②北信物産以外にも受渡しにカラの倉荷証券が22枚あったが、これは正式のもの

と差し替えさせる。

この決定には買い方に大きな不満が残った。もしカラ荷がなければ相場は大きく上がっていただろうから「逸失利益をどうしてくれるか」との声は当然根強い。

北信物産は東穀から違約除名され、東洋海運倉庫が指定倉庫から取り消されたのはいうまでもない。東穀の理事会の席上、北信の岩崎信義社長は弁明の機会を与えられたが、「今回のことはなんら弁明の余地はありません」とひたすら陳謝するのみ。ところが、10日後、東穀の臨時総会では態度を一変させる。さすがに本人は欠席、書面でこう居直った。

「受渡しを履行しないのではなく、またなんらの不正行為を行わず、取引所に対して有害な行為をしたものでないから、今回の処分を不当とするものである」

温厚で知られる木村房五郎議長もこれにはかんかん。

「今回の違約者の行為は受渡しを履行しないばかりでなく、取引所に対しても有害な行為であり、業界には計り知れない悪影響を与えた」

岩崎が10日間で豹変した理由はわからない。近々、買い方から提起されるであろう裁判に備えて煙幕を張る作戦だったかも知れない。森川直司さんに続き、榎本修二さんも鬼籍に入られたいま、確かめる術はない。ましてザラバのカラ荷はどうなっ

たかは藪の中。当時はザラバの食い合いが多かったので相当数のカラ荷をつかまされた面々も多くいたはず。（17・2）

投機は神聖無上の高尚な事業
「糸へん太平記」の主、田附将軍

戦後を代表する相場記者、岩本巖さんの「糸へん太平記」は古書街で見つけることは難事である。私もコピーで持っているが、本物は持っていない。巖さんの代表作「相場は生きている」はパンローリング社が復刻版を出したので入手しやすいのはありがたい。

田附 政次郎

「糸へん太平記」もどこかで復刻してもらいたいが、未曾有の出版不況下では期待できない。この本が日本繊維新聞社から出版されるのは、昭和33年のこと。もう60年も前になるが、綿糸、毛糸、人絹糸など繊維相場が「赤いダイヤ」と人気を二分していた時代である。

そう書けば、繭糸が怒り出しそうである。生糸・乾繭の人気も大したもので、こちらはなぜか、繊維とは別扱いされていた。綿糸、毛糸、人絹糸が通産省所管であったのに対し、生糸・乾繭は農林省所管で、取引所も別であった。

名古屋繊維取引所が豊橋乾繭取引所、名古屋穀物取引所と三者合併した時、「省壁を超えた」と大いに話題を呼んだのを昨日のことのように思い出す。生糸には明治以来、輸出の太宗として日本の近代化に貢献してきたという自負があるし、投機商品としてはコメと人気を分け合ったという歴史的な重みも加わって、工業製品たる綿糸、毛糸、人絹糸とは一線を画していたかもしれない。巖さんの「糸へん太平記」にも生糸は含まれていない。

巖さんは冒頭に田附政次郎の言葉を引用している。

「およそ投機は、政治、教育その他社会百般の事業に関係するものの必要欠くべかざることにして、ことに経済事業に従事するものは須臾《しゅゆ》の間も離るるべからざる緊急事である。余は、かの政治家、宗教家らが、おのおのその務むるところ、神聖無上の高尚事業なりと信ずる。それと同じく、財界従業者の投機思想もまた、絶対高尚なることを信ずるものである」

田附政次郎は大毎新聞が「将軍」の称号を贈った時、素直に喜んだが、ホラも吹いた。明治26年取引所法の公布で大阪三品取引所ができた時のことだが、「綿糸布のことに関しては大阪中でおれが一番よく知っている。三品取引所ができたらすぐ仲買人になった」と語っている。しかし、「三品小誌」という大阪三品取引所の社史には、立会開始の6日後に仲買人の免許を取り、54番目に田附の名が出てくる。慎重に同業者の出方をうかがっていた節がある。

だが、たちまち頭角を現し、やがて三品の顔となる。田附を崇拝してやまない巖さんは田附をこう称えている。

「田附将軍が商品相場の世界に尽くした功績の大きさは、野村徳七が株界にもたらした革命に匹敵するものがある。田附は単に相場師の世間的地位、評価を高めたばかりでなく、商品の各分野にわたって、保険つなぎの醍醐味を味わせながら、幾度か業者の危機を切り抜けさせた。いわゆる保険つなぎという高等な商法を業者たちが当然の義務として実行するようになったことと、この相場師に対する評価の向上は実に密接に関係があった」。

ブリヂストンの創業者、石橋正二郎の伝記に田附が登場する。田附のひと言がなかったら世界のブリヂストンは存在しなかったかも知れない。欧州大戦下、大正バブル景気で石橋は酔っていた。この戦争は長引くとみて、大きな工場を建て、原料の綿糸（当時のブリヂストンは日本足袋という足袋メーカーだった）を先物で1年分も買い進んでいた。工場完成を機に取引先を招待した。その中に田附がいた。

田附が石橋にささやいた。

「この戦争も長く続くまい。今の物価は気狂い相場だから、戦争が済めば大暴落するに決まっている」

田附がヘッジ（保険つなぎ）思想の普及に務めたという巖さんの指摘はここにも端的にうかがえる。伝記作家の小島直記が描いている。

「正二郎は素直に人の言葉を聞き、それを自分で考え抜いて独自の判断を下す。田附老人の言葉に対してもこの基本姿勢で受け止めた。そして、その意見に共鳴し、手持ちの原料を売り払ってしまった」

大正9年3月のパニックで多くの成金が元の歩に逆戻りする中、石橋は生き延び、昭和に入ると足袋からゴム長靴、戦後はタイヤと時代対応を誤らず今日では世界企業として不動の地位を占めるに至る。

（17・3）

豊穣の商取戦後史
森川和尚を偲びつつ

森川さんの著書
「昭和下町人情風景」

大阪に拠点を置く大津やグループの総帥西田昭二氏が亡くなった。90歳。ここ両3年、狂気の昭和2年組が相次いで幽明界を異にする。「東穀の天皇」森川直司、「勝馬」山崎憲一、そして西田昭二の各氏はいずれも大往生ではあっても、淋しい限りだ。早く亡くなった吉原商品の創業者、立川政弘、ハマイト一筋「損切りドテン」の角田純一も昭和2年組。残るは、「マムシの本忠」本田忠、横綱審議委員・岡本昭の両人だけとなった。

かつて神戸生糸取引所理事長を務めた三共生興の創始者、三木瀧蔵氏が喝破した。「卯年生まれは博才がある。中でも昭和2年生まれは特に博才に富む」。確かに上記の面々は博才豊か、相場をこよなく愛した人たちである。戦後の商品先物史は良くも悪しくも昭和2年組がいなかったら、なんとも色あせたものになっていたに違いない。本田、岡本両氏の一層の長寿を祈ってやまない。「人生いかに生きたか、ではなく、いくら生きたかである」と言い放ったのは小説「パルタイ」で知られる女流作家の倉橋由美子である。

さて、森川翁が小諸なる古城のほとりでひっそり息を引きとってちょうど1年になる。氏は文筆の人でもあったが、森川和尚が仕えた5人の理事長の回想録が興味深い。藤野洵氏が編集していた「投資と商品」に執筆したもの。その中で、東穀のコードナンバーは「21841」の件が面白い。

「山崎種二・木谷久一・加藤兵八・鈴木四郎・鈴木一の五代の理事長の名前の数字を配したものである。鈴木四郎理事長が退任されたあと後任について取り沙汰された時、私は名前に数字のついた人が来ると半ば正気で思っていた。この次は3だろうか、5だろうかなどと思っていたら、1だった。しかも前後になにもつかないずばり1（はじめ）だった」

そして、意味不明の文言が続く。

「1は基礎数字1に戻ったのだ。そして今わたしは鈴木一理事長が東穀最期の理事長であることを真剣に願っている」

鈴木一理事長の登場は昭和45年、「客殺し」が社会問題化し、厳しい世論の指弾を受けて商品先物業界が今にも沈没しそうな状況にあったが、森川和尚はなぜ、最後の理事長うんぬん、と書いたのであろうか。そのナゾは森川和尚自身が解いている。

「時代の趨勢と数々のメリットを考えて商品取引所の合併を願っている。商取業界の向上に今やそれが不可欠とさえ思えてくる。新生商品取引所への牽引車として、わが5代目理事長は最適な方ではないだろうか。いまやわが業界は新生への第一歩を踏み出す秋である」

当時は全国に20の商品取引所が乱立し、しかも単品取引所が多く、財政基盤も弱く、不本意ながらも、悪質取引業者の跋扈を黙認せざるを得なかった。それが客殺し騒動を産んだ――森川和尚はそうよんだに違いない。垣産なくして、垣心なし。東穀は北海道穀物、東京砂糖、前橋乾繭、横浜生糸などと統合し、東京農産品取引所として生まれかわることを願った。その時、森川和尚が終生を託す東穀の名は消えてもいいと思ったのだ。

結果的には東穀は東砂、北穀を吸収し、前乾と合併した横浜生糸をも合併し、関東以北唯一の農水省所管の取引所となったが、最後まで東穀の名を変えることはなかった。東穀以外が余りにも疲弊し、名を改めるほどの力を残していなかったということだろう。

森川和尚が東穀最後の理事長と期待した鈴木一氏は、従来の商品先物界からみると、異星人のような人物だった。それでいて在任期間は10年を超し、歴代理事長としては最長不倒の記録を持つ。私欲皆無、ポストに恬淡、象徴のような存在だったが、商品先物界の地位向上には測り知れない力を発揮した。森川和尚は書いている。「スポーツマンシップ、フェアプレーの精神をもってことに処すると言明され、内に闘志を秘めた極めて行動的な人である。いわゆるエリート意識は毛頭無く、会員組織取引所の自主性を尊重し、その民主的運営に非常な力を入れておられた」。

商取戦後史は人物的にみても豊穣である。（17・4）

米寿ペン健筆ふるう

高橋弘著「ふれあい」を読む

高橋 弘

最近まで大阪堂島商品取引所の市場取引監視委員長を務めておられた高橋弘氏からエッセイ集「ふれあい」が届いた。高橋氏は昭和3年生まれの89歳。2月11日の早生まれだから、「狂気の昭和2年生まれ」と同学年である。昭和

2年組の鬼才・逸材が相次いで没していく中で高橋氏の頑張りは特筆されよう。

高橋氏は大阪証券取引所、大阪証券代行（現だいこう証券ビジネス）常務を経て、神戸商科大、近畿大で教鞭を執った経歴から証券畑の人物と見られているが、商品先物業界とも半世紀近くかかわってこられた。高橋弘著「米国商品先物市場発展史」は神保町の古書街でも入手困難で、見付かっても大変高価である。この本が朝日新聞の「天声人語」で引用されたのは著者には快心事であったに違いない。

氏が商品先物業界に関係するには昭和47年のことで、農林省商品取引所制度改善検討会の座長を務めた時である。当時は農林省所管の取引所の全盛期のこととて、現在とは真逆で、取引所問題といえば農林省管轄の取引所を指したものだ。昭和45年の客殺し騒動で世論の指弾を浴び、急遽、制度改善の検討会で旗振り役を演じたのが高橋氏だった。

昭和48年全商連の中に商品取引所問題研究会（いわゆる学者研）が発足するとこれの座長を兼ね、このころから証券界よりも商品先物界との縁が深くなる。大阪に拠点を置く先生は関経連や大阪商工会議所の先物市場振興会議でも中心的役割を果たした。大阪財界における商品先物市場への認識度が東京に比べてはるかに高いのは「堂島」の歴史的重みだけではなく学識経験者たちの地道な活動の成果といえる。

氏の著作で一番売れたのはダイヤモンド社から出た「買占め」であろう。推薦文を書かない主義の黒岩重吾がこの本のために筆を執ったのは同志社の後輩を思う気持ちからだろうか。

「日本の買占めといえば、株を安値で買い高値で会社に売っているごろつき的な行為と思っている人がまだ多いが、この書を読めば、世界的貪欲な巨大資本こそ慌るべき買占め魔であることが理解できる。資本取引の自由化という重大事態を前にこの書は世界的な買占めの実態を書いている」

高橋氏は企業人が長かったから学者と言っても学者っぽくない。同志社の後輩で大阪証券取引所社長を務めたミスター大阪・巽悟朗が高橋氏の一面を描いている。

「過日、氏と共に外遊する機会に恵まれたが、国際経済界にも相当顔の広い同氏の信用で、あらゆるところを見学でき、海外経済人に多くの知人を得ることができました。一見堅物で真面目そうにみえるが、夜の遊び方も非常に通人で、日本はもちろん、世界中のあらゆるところを知悉され、どこへ行っても周囲の者を楽しませてくれる特技を身につけておられる愉快な先生であります」

氏は長年関西カントリーのメンバーで昨年退会されたそうだが、米寿までコースに出ていたという。会報に川柳を投稿し続けた。「半寿卆えエージシュートが近くなり」（半寿は81歳の祝い）、「年令とればこんな長さもＯＫか」、「わがゴルフ関西カントリーで米寿達成」。88歳までラウンドしたとはご立派、うらやましい限りだ。

ある時、氏からダンボール一杯、経営学や会計学の本が届いた。筆者が古本のネットショップを開店して間もないころだ。高橋氏のもとに後輩たちから寄贈された本で、どのように処分してもいいからとのご託宣。1冊５００円でわが五台山書房のＨＰに掲示すると、たちどころに売り切れた。その後も近年まで「高橋本」の注文は続いていた。そのことを先生に伝えると大変喜んでおられた。

私は本を出すと、氏には必ず1冊献呈する。コメントが的確で著者冥利に尽きる手紙の数々はわたしの宝物である。卆寿を前にネットを駆使して欧米の最新情報を入手、業界紙にボランティア出稿されておられるのは慶賀に耐えない。益々のご健筆を祈る。

（17・5）

追記　高橋弘氏が平成30年春、他界された。冒頭の写真は日本ユニコム広報誌「メリット」の創刊1周年記念パーティーに大阪から駆け付けてくれた時のものだ。本書をお贈りできないのが残念。ご冥福をお祈り申し上げます。

市場再興に燃えた華城名流
三品の若きリーダー

貴志 喜四郎

大阪のことを華城と呼ぶのはなぜだろう。大阪のシンボルともいえる大阪城にちなんでの命名かも知れない。ミナト横浜を金港と呼び神戸を扇港と称するのも同工異曲か。「華城事業界之名流」と題する人名辞典がある。A4判で500ページを超す浩瀚《こうかん》の書である。希本の部類に入り、神田神保町を終日探索しても出てくることはないだろう。

300人超の経済人が写真入りで収められており、昭和8年刊。当時大阪には株式取引所、堂島取引所、三品取引所、砂糖取引所の4つの取引所があった。戦時統制体制に入ろうか、という時で、各取引所とも最盛期の勢いを失いかけていたが、人物面では多士済々である。

商品取引所関係では、林市蔵、浜崎健吉、浜崎定吉、田附政次郎、中村秀五郎、牛尾梅吉、靭仲治郎、山内卯之助、阿部彦太郎、須々木庄平、中村利三郎……軽く十指に余る。ここで取り上げたいのは三品取引所の常務理事、貴志喜四郎である。

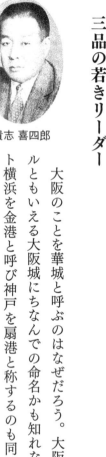

「三品において自他ともに許す人材であり理事長としても立派な見識と態度と経験と手腕を持っているが、ただ問題になるのは年令である。大阪商人の習慣として人の長たるには手腕や修業よりも、むしろ歳に重きを置く弊風がある」

昭和7年渡辺修理事長が他界した時、貴志を後継に押す声があったが、38歳という若さのゆえに見送られ、日本綿花（ニチメン）の重鎮中村利三郎が第6代理事長に就く。その間6カ月かかっているから、相当もめたに違いない。当時の最有力経済誌、「実業之日本」は「自薦他薦の候補者の暗躍はなはだしく、各所に理事長の争奪戦を演じ、醜態をさらすもの少なくない」と報じ、三品理事長のポストが大阪経済界でいかに重いか、を物語る。

同紙は貴志を次期理事長の最有力候補とみて、人となり等を詳報する。それによると貴志は佐賀県の出身、第七高等学校（鹿児島）を卒業するが、在学中は西郷隆盛邸に起居し、西郷さんの息子西郷菊次郎の家庭教師を務めた。大正7年東大英法科卒、逓信省に入るが、ほどなく大阪綿業界の巨頭貴志米吉の養子となる。日綿社長の喜多又蔵が仲を取り持ち、エリート官僚の卵を強引に華城綿業界に引き込んだ。

大正15年、32歳の若さで常任理事に抜てきされると懸案の綿花再上場を断行する。「このため三品の飛躍的隆盛をもたらし、一部の時期尚早論者を瞠若させるなど、氏の経営的才能は早くも少壮事業家として華城綿業界の花形としての名声を勝ち得るに至らしめた」（「実業之世界」）

貴志は三品の黄金期復活を目指して動きが活発化する。貴志を支えるのは取引員、取引所職員の双方である点で特筆されよう。

「理事長問題で早くより氏を支持し、氏を適材なりとする取引所員が多かりしに見よ。実に氏の人格と氏の手腕とが一般取引員中に絶大の信用を得つつありしかを知るに足りる。三品取引所をして時代に適応させるだけの新しい思想と新しき修養とを持ち、年令の若きがために重要なる地位に就く案山子《かかし》的人物ではない」（「華城事業界之名流」）

貴志は華城経済界の指導者として大いに期待されていたが、昭和8年12月15日、急逝する。行年39歳。西郷さんを崇拝し西郷さんを思わす豊かな体格で健康そのものであった貴志の死は華城財界に衝撃を呼ぶ。軍靴の音は日増しに高まり、取引所運営が難しくなる中で、司令塔を失った三品取引所は消滅の歩みを急ぐしかなかった。

戦中、戦後の10年間のブランクを経て昭和26年には復活するが、同59年大阪化繊取引所と合併、大阪繊維取引所となる。その後は大阪商品取引所、中部大阪商品取引所を経て、平成14年3月31日綿糸は上場廃止となり、大阪三品取引所の痕跡は完全に消失する。だが、貴志喜四郎という市場再興の野心に燃える若きリーダーがいたという事実は永遠に消えることはない。（17・6）

高橋銑十郎さんを偲ぶ
東穀全盛期を支える

高橋 銑十郎

高橋銑十郎さんが亡くなった。80歳を目前に昨年12月7日、大自然のふところに還って逝った。3月25日には600人を超す盛大なお別れ会が執り行われた。業界紙はこのことを一切報じなかった。私が知ったのは中島繁治氏が主宰する季刊「熟年ニュース」でお別れ会の模様がカラー写真付きで精しく報じられたからである。高橋さんは中島氏と親交があり、その文才を生かし同誌の定期寄稿家として健筆を振るっていた。

それにしても業界紙が一行も報じなかったのは淋しい。出身母体の東穀が消滅してしまった今、OBたちの動静はつかみようがないということだろうか。高橋さんの略歴は中島氏が書いている。

「氏は満州から6歳の時に引揚げて、故郷の新潟で母たち一家と苦労を重ねながらも、頭脳の優秀さを発揮して東大から農林省に入り活躍。……先立たれた奥さんを愛おしみ、文章の行間から伝わる潮さん（夫人）への哀惜の情は胸を打つものがありました。今頃はあの世で懐かしい奥さんと再会し、肩を並べてスイスのマッターホルンを眺めていることでしょう」

高橋さんは山男で夏休みは夫婦でアルプスの山々を登るのを楽しみにしておられた。農林省商業課長として商品先物業界を担当、高知営林局長、農林省及び経済企画庁で審議官ののち東穀に入り、最終的には河村勝三専務理事の後を受けて専務に就任、森實孝郎理事長を支えた。東穀を辞めたあとは千葉の館山市に居住、夫人が遺した白百合学園の園長として子供たちと親しんだ。

高橋さんは稀にみる爽やかなお人柄でエリート官僚臭は微塵もなく、権力志向とは隔絶し、常にそこはかとなく若葉の香りをただよわせていた。切った張ったの勝負の世界とは無縁のようでいて、この業界に愛着を持っていた。手元に高橋さんからいただいた手紙がある。平成9年から同10年にかけて日経産業新聞に「商品先物群像」と題する人物史を連載していた当時のこと。

日経産業新聞の連載は「フューチャーズ 群雄の素顔」として出版された

「いつものことながら読み出すと息もつかせぬほどの物語の面白さに圧倒される思いです。物語ではない人物史（パーソナル・ヒストリー）とも言うべきものでしょうが、商品先物取引業界にたずさわる人物のユニークさ、それに文章力が加担され、それはすばらしい読み物となっているとしか言いようがありません。それにごく一面しか知ることができなかった方々についてこれほどまでに育い立ち、人生の転機となった事件、業務への情熱、人々への人情など個性ある姿をお書き下さって本当に参考になり、商品先物業界の歴史、歩みを知る思いです」

高橋さんの手紙を読み返すにつけ、20年前の商品先物業界の賑々しさが、鮮やかに甦ってくる。日経新聞が商品先物業界のリーダーたちの人物史を連載するという発想にまずびっくりしたものである。そしてその執筆を小社が受け持つことの喜び、感激はいつまでも忘れられない。企画・編集に当たった日経新聞商品部の吉村哲郎デスクの熱意と叱声にあおられながら1年間のロングラン読み物を仕上げることができた。

振り返ってみると、第1部に登場する7人の侍は清水正紀、多々良義成、村崎稔、細金鉚生、二家勝明、藤田庸右、榊原秀雄の各氏で、清水さんが先年白寿の大往生を遂げられたほかは、皆元気ある点は喜ばしい限りである。中でも村崎、二家の両氏は経営の最前線に立っておられるのはさすがである（村崎氏はのち後進に道を譲る）。フジチューは経営破綻したが、藤田氏は昔と変わらぬ大らかさでバドミントン界の重鎮を務める。エース交易が海外資本に売却され、のち豊商事に合流するが、オーナーだった榊原秀雄氏の消息がつかめないのは残念でならない。

同企画の第2部では各取引所の理事長を取り上げたが、間渕直三氏はじめ多くの方々が幽明境を異にする中で、森實孝郎、中澤忠義の両巨頭が20年前と変わらぬ健脚、健啖、健在であるのはご同慶の極みで、今のうちに是非とも回想録を書いておいていただきたい。戦後商品先物史の最頂点を極めた時のトップリーダーの記憶はかけがえのないものである。（17・7）

追記　森實氏は令和元年6月6日、88歳で他界された。　合掌

新しい明日のあるを信じたい
わが「オンリー・イエスタデー」

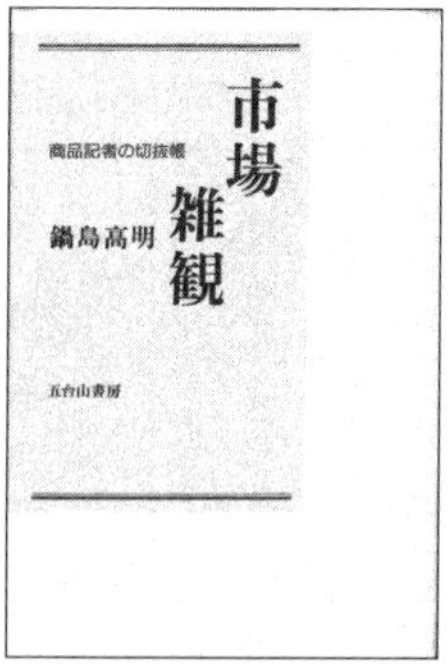

鍋島髙明著
「市場雑観――
商品記者の切抜帳」

20余年前、定年で日経新聞社を退社するに際し、「市場雑観――商品記者の切抜帖」を私家版として出版した。中身は日経時代に各種コラムに執筆した記事を集めたものであったが、多くの反響をいただき、私にとって第二の人生の応援歌ともなった。数々の出版記念会が開かれ、中でも間渕直三東工取理事長、多々良義成豊商事会長が中心になって東穀ホールで開かれた出版記念会は１１５人の方々が出席され至福の時を味わうことができた。

お盆休みのつれづれに当時いただいた反響の束から商品先物業界関係者の分を取り出し、当時を偲ぶこととする。わが「オンリー・イエスタデー」。

本紙を創刊した佐藤栄太郎氏「楽しく読ませていただきました。特に『中外時評』は鍋島さんの商取業界に対する愛着がうかがえると共に当時の紙面で記憶にあり、懐かしく思い出しました」。

私が中外時評の執筆メンバーに加わっていたのは6年間だが、今振り返ってみると、ジャーナリストとして一番充実していた頃のように思える。中外時評欄は今もあるが、ここに先物が登場することはまずない。

佐藤氏は眠狂四郎の異名を持ち、いつも目を細めて業界を大観していた。声楽家の佐藤美子の甥に当たり、銀座の佐藤さんの店につれていかれたことも懐かしい。

鏑木繁氏「山崎登氏の装幀も素晴らしく思います。市販されれば大好評と思いますが、非売品で残念です。単なる読みものとして面白く読むだけでなく、貴重な資料にもなり、それがまた商品相場というものに関心を寄せることにもなり、御労作に敬意を表します」。

鏑木さんとは先年、2泊3日の日程で長崎の本田忠氏を訪ね長崎名物の卓袱《しっぽく》料理をつっつきながら歓談した時のことが忘れられない。あの時一緒だった森川直司元東穀専務理事も他界された。

植木繁氏「十字路と産業寸言、中外時評などは経済を熟知されたうえでの論評だけにきっと読み手の賛同を得たことでしょうね。十分に店頭で売れるものと確信します」。

植木さんは当時日刊工業新聞社の記者として商品相場面に健筆をふるっていた。

定年退職後に商品先物業界に入るがほどなく他界された。日刊工業の春秋の商品先物特集は圧巻で、CX界の最高潮時の記念碑といっても過言ではない。

東穀の元常務理事・馬場伊兵衛氏は年期の入った新聞切抜きの達人でもある。日経は50年間、朝日は30年間切抜いてきたという。だから拙著の副題に切抜帖とあるのを、歓喜雀躍とか天賦神与などと大げさに喜んでくれた。馬場さんが切抜きを始めるきっかけは学生時代の恩師の一言だった。

「先生が机上にずらりとスクラップ帖を並べて、『今日までこれだけの切抜きを致しました。切抜きはともかくとして諸君は私の肩を乗り越えて前進して下さい。それが私の本懐です』と諭された。これに感激して……」

客殺し事件で商取業界が世論の指弾を浴びる中、農林省から東穀入りした馬場さんは肩身の狭い思いをすることもたびたびだったろう。ひたすら誠実に真面目に生きることの大切さを業界人に身をもって訴え続けた人のように思う。

今も健在と思われる黒津貴聖氏（当時山種物産社長）は拙著から富子勝久氏を思い浮かべたという。

「富子氏は三菱信託時代、日本の年金の草分けの存在でした。その後御木本真珠、東京女子大、工学院大と職を変えましたが、『カネ』に関して大変な博学でした。

その資料の豊富さに驚かされました」

富子氏が亡くなった時、その蔵書が大量に古書街に放出された。赤線を引いたり青色のマーカーで彩られ、読み込んだ痕跡鮮やかで、私も何冊か購入したが、その富子氏に擬せられたのは望外の喜びであった。

元岡安商事の土橋日出男氏。今も奈良の方でハーモニカなど演奏して地域活動に忙しい。

「とにかく良く書を慈しんでおられることに畏怖の念を禁じ得ません。なかんずく啄木の詩が随所にちりばめられ、札幌に勤務していた私には一入楽しく読ませていただきました。小樽を営業で訪れて商談が進まず、思わず『悲しきは小樽の人よ〜』と口ずさんだことなど懐かしく思い起こしました」

啄木ファンである私はことあるごとに啄木を引用する癖がある。そこを土橋さんはついてくれた。20年も前のことがつい昨日のことのように蘇る。ＣＸ界の悪夢の10年は終わった。

「新しき明日の来るを信ずといふ　自分の言葉に　嘘はなけれど——」（啄木）

（17・7）

歴史を語る資格はあるか

小冊子に溢れる逞しさ

書庫の整理をしていたら「鉄鋼取引所の必要性について」と題する小冊子が出て来た。日付は半世紀前の昭和42年12月20日、発行元は不明、B5版で40ページを超す。発行元を明かさなかったのは鉄鋼メーカーへ「忖度」したのであろうか。八幡・富士両製鉄が鉄鋼業界を牛耳ると同時に日本の産業界を差配していた時代、鉄鋼の上場は夢のまた夢であった。

鉄鋼取引所の必要性について

昭和42年12月20日

謎の小冊子

八幡製鉄の稲山嘉寛社長が「鉄は国家なり」と豪語してはばからなかった時代に、ひそかに取引所づくりの声が上がっていたのは確かだ。当時、日の出の勢いでシェアを伸ばしていた東京製鉄の池谷太郎社長、三井・三菱による鉄壁の流通網に風穴をあけたいと歯がみしていた伊藤忠商事の越後正之常務、大風呂敷で「ホラ作」の異名を持つ村井宝作東京繊維取引所専務理事の3人が「鉄鋼取引所」づくりを目指して会談したという噂は聞いたことがある。

日経新聞が一大事とばかり、記事にしたように記憶している。書いたのは相森倶楽部に籍を置いていた商品部のS記者ではなかったか。なにしろ半世紀も前のことだから記憶があいまいだ。

そのころ作られたのが例の小冊子である。この小冊子は東京繊維取引所の調査部がまとめたものではないだろうか。第3章「商品取引所をめぐる誤解」の中で、「取引所は投機を解消する場である」とし、こう述べている。

「取引所をとりまいている迷妄と誤解の渦の中で、最も際立ったのが、取引所性悪説であります。これあるがために本当は、取引所的機関が必要でありながら、あえて不便をしのんで設立をかたくなに拒否している実業界は少なくありません」

アメリカの経済学者B・C・エメリー教授の「投機は向こうからやってくる危険を振り払い、場合によっては、それを打ち倒す行為である」との言葉を引用しながら、こう結論づける。

「企業が取引所で行う売買は投機であるとはいえないのです。それは保険の一種であります。そうして企業がもしこの点で原始的、初歩的誤解、つまり取引所性悪説をそのまま受け入れて、取引所での売買を恐れ、それくらいなら全然何もしない方を望むことに決めたとすると、この企業は自ら知らずして大きな投機を行っているのであります」

先般、大阪堂島商品取引所のコメの本上場申請がまさかの却下になったのも、自民党や農協関係者に取引所性悪説がいまだに徘徊しているためといわれる。

この小冊子の筆者は戦後相場記者の筆頭岩本巖さんではないかと思われるくだりがある。「赤と黒」などで知られるフランスの文豪スタンダールを援用する辺りだ。

「スタンダールが小説の効用について、小説とは道路にそって持ち歩く鏡のようなもので、鏡に映る道路の醜悪さは、鏡のせいではなく、道路自体の醜悪さにあるように、小説の中にも書かれていることが醜悪に見えても、それは小説のせいではなく、書かれているものの醜悪さが原因なのだと言っていますが、それと同じことが商品取引所についても言えるわけです」

繊維相場が暴落するのは取引所で売りたたくからではなく、需給関係が大幅に悪化しているからで、取引所は悪化した需給関係を正確に映し出す鏡のようなものなのだ。かつて繊維相場が盛んだったころ、暴落すると紡績会社から取引所無用論が飛び出し、逆に暴騰すると需要家である繊維業者から無用論が叫ばれ、人間の身勝手さをみせつけられたものだ。

鉄鋼の取引所は日の目を見なかったが、中国では先物市場が形成され、そこで立つ鉄鋼相場は世界の指標となっている。そういえば鉄の市場はかつては日本が盟主であったが、いまや中国。先物市場は経済の中心国で栄えるという鉄則が思い浮かぶ。

鉄鋼取引所に夢を託し、先物市場の将来を甲論乙駁していた時代はそこに生きる人にひたむきさがあった。閉塞された現状を打破しようという気概があった。冷い視線を恐れぬたくましさがあった。

かつては山友産業を創業した山本晨一郎さんは一高、東大を経て老舗寝具商の御曹司でありながら先物業界に飛び込んで奮戦する勇気があった。北浜の怪傑島徳蔵は「悪名でもいい。無名よりましだ」と吠えて北浜を蘇らせた。逆境に立ち向かう人しか、歴史を語ることはできない。

（17・9）

人生の節目で相場に遭遇
日経新聞「私の履歴書」にみる

音楽評論家で作詞家の湯川れい子の「私の履歴書」(日経新聞連載)が話題を呼んでいる。素直で飾らないところがいいのだろう。政治家や経済人の自慢話はうんざりするが、彼女は大胆におのれをさらけ出している。

日経新聞の「私の履歴書」には数多くの相場師が登場

相場師発掘をなりわいとする筆者にとっては、「相場」と遭遇する件にはわくわくする。れい子と夫が、日課にしている夜の散歩の時、夫君から衝撃の告白。バブル崩壊で、自宅が二重、三重の担保に入っているというのだ。夫「株だよ。カラ売りでとんでもない借金を作ってしまった」。

察するに、バブルで高騰する最中、こんな高値はいつまでも続くはずがないとみて、カラ売りを試み、深みにはまっていったのだろう。恐らく夫君が踏んだ(損を承知で買い戻すこと)ところで、バブル崩壊となったに違いない。夫君の狙いはよかった。ただ仕掛けるタイミングが少しだけ早過ぎた悲劇である。

アメリカの著名な経営学者ピーター・ドラッカーの履歴書は平成17年に掲載されたが、株価予想で大曲したことを告白している。１９２9年秋の歴史に名高い「暗黒の木曜日」の直前のこと、「株価はさらに上昇する以外にあり得ない」と断じた。「論文は2本とも権威ある経済季刊紙の29年9月号に掲載された。その数週間後の10月24日、ニューヨーク株式市場は歴史的な下げを記録、いわゆる『暗黒の木曜日』で、これを発端に世界は大恐慌に突入した。以後、相場の予測は一切やらないことにした。当時の論文が現在、人目に触れる心配がないのが何よりの幸いである」

「ゆたかな社会」や「不確実性の時代」で知られるJ・K・ガルブレイスの履歴書にも「暗黒の木曜日」が登場する。

「みながブームに乗って株を買い、株価上昇には正当な理由があると思い込む。警戒論は、破壊的な悲観主義、と一蹴される。そして株価暴落のその日まで、自分たちの見方がいかに楽天的すぎたかに気付かない。金融界の大物たちが慢心や流行のわなにかかって滅んでゆく」

そうした投機バブルの姿を検証し、名著「大暴落～１９２９」を刊行、たちまちベストセラーになる。

音楽家の小椋佳の履歴書は平成28年1月のことだが、銀行員時代、金融先物を手掛けた。国際財務サービス室長のころ、小椋のもとには10名の若き精鋭が集まり、新商品の開発に取り組む。

「外国為替先物やインタレストスワップ、カレンシースワップといったテクニックを組み合わせ、常識的な銀行マンには理解しがたい新商品を生み出す。創造力勝負の世界である。この種の商品は後年、デリバティブと呼ばれるようになり、顧客が損失を被るケースも出て、一部から不評を買うことにもなったが……」

セブン&アイ・ホールディングスの鈴木敏文元会長の履歴書は平成19年のこと。鈴木は大学時代に株を覚えた。

「証券会社に就職した先輩に勧められたのがきっかけだった。相場は右肩上がりが続き、いっぱしの投資家気取りで信用買いや仕手株も手掛け、そこそこ小遣いを稼いだ」

中央大を卒業、取次ぎ大手の東販に入社。そこでも相場との縁は続く。

「仕手株はリスクが高く、ずっとリターンが続くとは限らない。そこでヨーカ堂へ移る1年ほど前、保有株を見直し、当時、一番手堅い資産株といわれた松下電器の株にすべてJ乗り換えた」

ところが、1年後の昭和37年夏、暴落、すべて売却、貯めた儲けもすべて吐き出す。

伊藤忠商事の社長、会長を務め、民間人初の中国大使として活躍の丹羽宇一郎の履歴書が待たれる。丹羽はニューヨーク支店勤務時代、穀物相場の目測を誤り巨額の損失を抱えるが、早霜の襲来一発に賭け、生き延びた実績の持ち主。相場にまつわる話がふんだんに出てくるはずである。

人は皆人生の節目で相場に遭遇し、右せんか、左せんか、頭を悩ます。（17・10）

先物ジャーナル紙休刊す
業界紙と業界は軌を一に盛衰

先物ジャーナルの元オーナー、米良 周

先物ジャーナル紙が休刊するという。定期寄稿家の1人として、これほど残念なことはない。平成13年、当時の主宰者、米良周氏から執筆のお誘いをいただいて「先物寸言」欄を月1回のペースで書いてきた。初めは文字通り「寸言」であったが、加令とともに愚痴っぽくなり、ダラダラと「尺言」に至ることしばしば。それでも「寛容」の心をモットーとする貴紙は削れとも言わず、掲載してくれた。

業界紙が次々と姿を消していく。それは一にも二にも商品先物業界の疲弊を意味する。業界が苦しいのは百も承知、二百も合点である。リストラの一環として「業界紙を切る」ことが経営者の至上命題になって久しい。この10年間でなんと多くの業界紙が休刊と称して廃刊になっていったことよ。

アトランダムに記すと、菊池秀岳氏の「商品先物研究」、江幡重三郎氏の「調査会情報」、藤野洵氏の「投資と商品」、ベートーベンこと能勢喜六氏の「東京商品日報」、鏑木繁氏の「商品先物市場」……日刊工業新聞や産業新聞からも商品先物の情報は消滅した。あえぎ、あえぎ、あえぎ発行を続けている業界紙にしてもこれ以上減ページできないほどの衰弱ぶりである。

かつては「業界紙を育てる」ことを心掛けてきた経営者たちも背に腹は変えられず、「泣いて馬謖《ばしょく》を斬る」のだろう。業界紙が栄えて初めて業界が栄える。これは古今東西あらゆる業種に共通する事象だ。業界紙が飢えて業界が飽食などあり得ない。その意味では今度の先物ジャーナル紙の休刊は業界の悲鳴そのものである。

先物ジャーナル紙が創刊された当時のことを想う。昭和62年頃のことだったと記憶する。商取ニュースで敏腕をふるっていた佐藤栄太郎氏が独立して創業、その創刊号に渡辺佳英東京工業品取引所理事長とのインタビューを命じられた。当時、私は日経新聞商品部の編集委員だったが、佐藤氏の御下命をありがたく受け入れた。そのバックナンバーは大事に保存してあるが、いざとなるとなかなか見出せない。佐藤氏が急逝されたあと、米良周氏が受け継ぐ。米良氏はライターとしては日経新聞時代から異彩を放っていたが、経営者としての才覚はどうか、という一抹の不安なきにも非ずだった。

が、ここでも米良流経営術を貫き、高橋伸幸、福島垣雄、益永研、小島栄一、成毛浩之各氏に支えられながら存在感を高めていった。米良氏のコラムには後世に残したいものも数多くある。

周りを見渡して、商品先物業界紙記者、同経営者は10人に満たない。大阪では立商ディーリングの伊藤氏を知るのみである。業界の盛衰を知るには業界紙の盛衰を知れば十分である。先物ジャーナルが産声を上げたころはうさん臭さを漂わせながらも茫洋たる未来があった。今や「紛議」という言葉は死語になった。水はあくまで清く、透明度は有史以来の明澄さを実現したが、そこには魚影は見えない。

ここまで来ると、浮かぶのは大隈重信の言葉である。

「兜町と言えば直ちにかの樗蒲子《ちょぼし》（＝博打）を翻弄する博徒者流を連想するとこ

ろの頑迷固陋の士のないでもないが、活眼を開いて日進月歩の現社会を観察したならば、いかなる人といえども取引所設置の必要を認めない者はないであろう」

もちろん、兜町を蛎殻町、堀留、堂島と置き変えても同じである。

先物ジャーナルの30年は戦後商品先物業界の天国と地獄、絶頂点と底なし沼そのものであった。ご苦労さまでした。（17・10）

「マムシの本忠」を悼む
志は千里の外を駆け巡る

本田 忠

9月24日、中秋の名月にそむいて「マムシの本忠」本田忠氏が死んだ。91歳と6カ月余の長寿を全うした。戦後の商品先物市場は、善くも悪くも本田氏を抜きには語れない。吉原軍団の総帥として先物市場を席巻、全盛期にはシェア20%を占めた。第一商品、エース交易、グローバリーなど本田氏の息のかかった先物会社が3社も株式市場に上場された。商品先物健保組合とは別個に吉原健保組合を結成、吉原王国の観を呈した。

いま本田氏の訃報に接し、3つの光景が思い浮かぶ。初めて本田氏に会ったのは平成17年10月7日、長崎おくんちの初日であった。

主務省に呼ばれた時、「悪名でもいい。無名よりましだわ」と言い放ったという伝説から推して、浮かぶ本田忠像はとっつきにくいオヤジでしかなかった。ところが、約束の時間よりもずっと早くホテルを訪ねてくれた本田氏の眼差しは優しく温厚な紳士であった。ガンの治療中で長時間のインタビューには耐えられず、1時間半が限界であった。それでも夜は思案橋ほとりのオコゼの店で酒を汲み交わした。というより銘々が手酌でやるのが本田流である。タバコはチェーンスモーカーでガン細胞を刺激しやしないかと心配した。

以来、本田氏との交流が続いた。ある時、「東京に来ている」とホテルから電話があり駆け付けた。「今夜はヤマケンとノボルが来る」という。ヤマケンこと山崎憲一氏は名にし負うジュリアナ東京のオーナーで競馬新聞「勝馬」会長にして大相場師、ノボルこと昇純一はしばしば噂に聞く若手相場師。

その夜、ヤマケン翁は酸素ボンベを抱えて静養先の熱海からやってきた。本田氏と同じ昭和2年生まれ。肺ガンを患い、心臓のバイパス手術を経て、なお相場を張り続けていた。

本田、山崎両仕手は敵になり、味方になり、合従連衡を繰り返しながらも、「相手を裏切ることだけはしなかった」と確認し合っていた姿が印象深い。

ここホテルニューオータニの「灘万」は本田氏にとっては因縁の場所。平成元年、本田氏は前年に巨利を占めたあと、巨損を抱え込むが、ここで山崎氏らと会食中に突然、片方の目が見えなくなった。病名は網膜剥離で強度のストレスが原因であった。この年の損は本田の相場人生で最大級のものであったという。

何度目かの長崎訪問時、本田氏が「森川さんとカブさんに会いたい」と言い出した。東穀の天皇と呼ばれた森川直司、投資日報の鏑木繁の両氏に本田さんの希望を伝えると、ともに長崎行きを快諾した。かつて吉原軍団のことを書きまくって本田氏から不買同盟を突きつけられ、窮地に追い込まれたのが鏑木氏であった。

「恩讐を超えて」3者が同席することとなる。2晩に及ぶ長崎鼎談は回顧録になるはずが、足元の先物業界のひどさ、将来はどうなるか、と現在から未来に及び勝ちであった。

森川氏が悲観論、否定的見解を展開するのに対し、本田氏は楽観論、肯定的見解を繰り広げた。鏑木氏は中間的立場で行司役を務めた。3人とも商品先物市場が好きでたまらないのだ。

本田氏はかつて「革命家、改革者は楽観論に立たないと実行できるものではない」と語っていた。古今東西の英雄たちの足跡を検証して、そう結論づけた。長崎名物「卓袱料理」をつっつくことも忘れるほど熱がこもった。相場と深くかかわった老雄たちの生命力の強さに改めて感銘を覚えた。

だが、時は容赦なく流れる。鏑木翁が急逝したあと、山崎、森川氏が相次いで不帰の客となり、本田氏もこれに続くことになる。〝狂気の昭和2年組〟は岡本昭氏を残すだけとなった。本田氏が好む漢詩がある。中国三国志を彩る曹操の詩で「老驥櫪に伏すも、志千里に在り、烈士暮年、壮心已まず」。

かつては猛々しく商品先物界を闊歩した駿馬も、今は馬屋に身を横たえる日が多くなった。だが、志は昔のまま千里の外を奔馬の如く駆けずり回っている、と。本田氏は終生、純な少年の心を失わなかった。合掌　（18・10）

追記　本稿は村尾和俊氏の好意で、「フューチャーズ・トリビューン」に掲載された。

先人に学ぶ
――目からウロコの投資塾――

先人に学ぶ
――目からウロコの投資塾――

①腹八分目に徹す――古代中国の陶朱猗頓

相場師のルーツを調べると、司馬遷が描く「史記」の世界にたどりつきます。「貨殖伝」に名をつらねる富豪たちは皆、投機で産を成しました。そして二千五百年の時は流れ、デイトレーダーたちは相場と格闘を続けています。

「売り」と「買い」の二つしかない世界、「安く買って高く売る」――それだけのことですが、一筋縄ではいかないところに相場の醍醐味があります。

孔門十哲の一人、子貢は投機が大好きでした。尊師たる孔子は「貧富を超越しろ」と諭していますが、投機を罪悪視してはいません。子貢は商品を安く買い、高く売って巨富を築き、四頭立ての馬車に乗り、孔子の名を天下に広めたのです。

子貢にもまして相場師らしく振る舞ったのが周の人、白圭。「銭をふやそうと思えば、やすい貨物を買い集め、時期をにがさぬことは、猛獣やはやぶさが飛びかかるようにする」（小川環樹ほか訳「史記列伝」）。

中国に「陶朱猗頓《とうしゅいとん》の富」という言葉があります。陶朱、猗頓ともに大富豪で陶朱が先輩格。陶朱は物資を蓄えタイミングを見計らって売り、他人をあてにしませんでした。

また越王に商才を認められた計然は投資の極意を語っている。「高くなっていく時には土くれのように惜しげもなく放出し、低くなる時は眞珠や硬石と思って買い込むことです」(前出)

「貨殖伝」を彩る主役たちは決して奇抜な投資術で巨富を築いたのではありません。安いとき（皆が売るとき）、ここぞと買い進む。逆に高くなって、皆が買うときに売って出るという基本に忠実に従いました。

凡人は安くなれば、もっと安くなるだろうと欲が働き、高くなれば、もっと高くなるだろうと、これまた欲につられて売買どきを失いがちです。中国の先人たちは「足るを知る者は富む」と心得て自己の欲望を抑えてきたのです。

相場で最大の敵は、市場で対立する売買の相手方ではなく、自分自身だといいます。自らの欲望との闘い、それをいかに克服するか。市場は人生の縮図であり、人間性が一番よく現れるのが相場です。白圭が「仁徳の欠ける者に相場の極意を教えても意味がない」と語っているのは、そのことだと思います。

学校の授業から「修身」がなくなり、「克己心」が死語になりかけていますが、相場道場で一番大切なことは己の欲望を制御する克己心ではないでしょうか。平たくいえば、相場格言にある「腹八分目」を実行する力を備えることです。

白圭　時勢の変化を見抜く知力、決断する勇気、実行する意志力、人徳
陶朱　物資を蓄え、時機をみて売り放つ、他人をあてにしない
計然　高くなれば惜しげもなく放出、安くなれば真珠と思って買い込む
子貢　貧乏は悪、富裕は善。富んでおごらず

②徹底調査と堅い信念――財閥の礎を築いた巨人たち

日本の近代化に先兵役を果たした明治の富豪たち。彼らは相場で財を成し、そのカネを各種事業の開発に投じ財閥を築いていきました。彼らに共通するのは時代の流れを読み切ると同時に狙いをつけた株を徹底調査し、固い信念で相場と取り組むことでした。

安田財閥の始祖安田善次郎は「積塵為山」（ちりも積もれば山となる）主義で、

勤倹力行の権化のようにいわれますが、投機市場では大胆に立ち回りました。安田の相場のやり方は「時勢張り」といわれ、時勢が悪くなって相場がドンドン下がり、人が見向きもしなくなったところを見はからって買い出動しました。

そして時勢がよくなって、われもわれもと買い出すと、惜しげもなく売り放つ。中国古代の貨殖列伝のヒーローたちと同じ投資行動パターンです。人のほしがるところを与えよ、と相場道の金言がありますが、いざ実行となると難儀道です。

安田が本格的に投機界に出陣したのは通貨市場でした。「今や通貨市場は戦争なり。一勝一敗興亡極まりなし。他人の僥倖をうらやみて、分外の利を望むなかれ。水面の月をとらえんと欲するものは、ややもすれば淵におぼれ易し」(「財界物故傑物伝」)。

投機市場では、水面に浮かぶ月影に魅せられて思わず深みにはまってしまう事例は枚挙にいとまがありません。そのことを身をもって体験している善次郎だからこそ「他人の僥倖《ぎょうこう》をうらやむな」と警告を発したのです。

根津財閥の礎を築いた根津嘉一郎の相場のやり方は「ボロ株張り」と呼ばれました。世間がボロ株と決めつけて超安値に沈んでいる株の中から見込みのありそうな株を見つけ出して買い集め、立て直す。根津財閥の牙城となる東武鉄道の場合、買収して社長に就任し思い切ったリストラをやって更生させ、その沿線に関連会社を配備していったのです。

ボロ株と十把ひとからげにされている中から玉を見つけ出すのは、根津に眼力が備わっていたということです。

野村財閥の祖、野村徳七は日糖事件でたった二円台に落ち込んでいた日糖株を買い進んで大もうけしますが、徹底調査をしてからことに臨みました。そして相場が意に反したときは「相場のほうが間違っているのだ」と、信念を貫いたのです。

藤山コンツェルンの鼻祖藤山雷太も根津や野村と共通したところがあります。

「問題を起こして大暴落した会社の株を、その会社の生命力を調査して徹底的に買い込み、事業経営の任に当たり、会社をよくして、株価を引き上げて大儲けした」

（勝田貞次「投資の鉄則」）

投機市場には一獲千金のチャンスがあります。だが、そのチャンスをつかむのは徹底した調査、研究と信念に裏付けされた人に限られます。漫然と市場に繰り出して、ひと相場とってもそれは僥倖に恵まれただけのことで、やがて槿花一朝《きんかいっちょう》（の夢）と消え去ることでしょう。

安田善次郎　人が見向きもしなくなると買い出動、皆が買い出すと売り放つ
根津嘉一郎　ボロ株の中から有望な株を見つけ出す
野村　徳七　調べ上げ、意に反せば「相場が間違っている」
藤山　雷太　大暴落した株の中から生命力のある株を買い込む

③早耳とやきもちは禁物——大物相場師のワンポイント

明治財界の鬼才で株の天才とうたわれた福沢桃介が語っています。

「一体投機で最も忌むべきものは早耳である。政府筋の事情が予め僕一人に知れるものならば、まことに結構であるが、僕に知れると共に天下に皆知れるから多大のもうけをするはずがない」

よく「早耳の早倒れ」といわれるように早耳と思った情報が、実は大した早耳でもなく、相場の方が一歩先を走っていたケースが多くあります。早耳は時にインサイダー情報でもあります。二十世紀を代表する経済学者で、相場をやって巨富を築いたケインズも早耳を忌避しました。

弟子のハロッドがケインズからの伝聞として伝記に書いています。

「ウォール街の取引員たちはもし彼らが内部情報をさえもっていなかったならば

巨大な富をつくることができたであろう」（塩野谷九十九訳）

早耳で大損したのが西武大国を築いた堤康次郎。大隈重信伯から「わしだけが知っている情報だ」とささやかれた早耳に乗って、高値をつかみました。しかもそれが天井。少年時代から相場をやってきた堤は「私の履歴書」（日本経済新聞社）で述懐しています。

「そういういい話は皆が知っているわけだ。だから早耳で金儲けができるものではない。かえって損をするものだ」

江戸川柳にある「町内で知らぬは亭主ばかりなり」は、一脈相通じるものがあります。

早耳で巨利を博した例として知られるのがウォーターローの戦いでナポレオン敗北の情報をいち早くつかんだロスチャイルドが、疾駆してロンドンに帰り、暴落していた株を買いあさり大儲けした話です。今日のような情報化社会ではとてもそんなもうけは期待はできません。

そして、先人が戒めるのが「けなり売買」。人が大もうけをした話にやきもちを焼き、相場を張ることです。

相場の神様・本間宗久も述べています。

「人の商を羨ましく思ふべからず。羨ましく思ふ時は、その時の位を弁《わきま》へず、ただ羨ましく思ふ心ばかりでする故、手違ひになるなり」

「けなり売買」と同様、「腹立ち売買」も禁物。損を取り戻そうと、「怒りをエネルギーに変えて頑張るゾ」などとやっても結果は見えています。昔から、怒っては相場は負けなのです。

大物相場師のワンポイント（生年順）

諸戸　清六	1846～1906	銭のない顔をせよ
竹原友三郎	1849～1918	株のもうけは不動産に投資
村上太三郎	1857～1915	早く見切る
高橋彦次郎	1864～1932	相場に淫するなかれ
金子　直吉	1866～1944	勝ちは6、7分でよい
杉野　喜精	1870～1939	利回りで株を買わない
片岡辰次郎	1872～1940	不況時に買い、数年間辛抱
山内宇三郎	1872～1942	他人から相場資金を借りない

小泉策太郎　1872～1937
松谷元三郎　1876～1921
鈴木久五郎　1877～1943
南　俊二　1882～1961
近藤荒樹　1889～1986
遠山元一　1890～1972
山崎種二　1893～1983
越後正一　1901～1991
近藤信男　1903～1973

機至れば猛然とつかみかかる
もうけの半分は不動産に
一代で身代を作るのは相場
2、3割の利益で手を打つべし
株ほど面白く、水臭いものはない
金融の大勢見極める
外れたときは早く降りる
景気動向と長年の勘
そこに相場があるから張る

（日本経済新聞夕刊に06年11月、3回連載）

あとがき

ここに登場する相場師は8人、いずれ劣らぬ時代を象徴するサムライ達だが、明治を代表するのは福沢桃介。本間宗久を始祖とする我が国投機史上名相場師ランキングでも十傑に入る巨人である。しょっちゅう相場を張るわけではない。ここぞという時を狙って出陣、巨利を占めて悠々と引き揚げる。勝負師は勝った時に止められる人のことである。勝ったときもっと勝ちたいという我欲を制御できるかどうかにかかっている。桃介は利子配当を不労所得として忌み嫌い、相場による儲けを最も価値ある所得として大事にする。

そして大正時代を代表するのは田附将軍・田附政次郎。「知ったらしまい」「あまりものに値なし」など数々の名言を残した。田附は終始三品市場を本陣とし、株やコメに手を出すことはなかった。田附は相場師と呼ばれることに何の抵抗感もなかった。「投機の権化」と言われるほどに相場を愛し続けた。

昭和を代表する相場師はヤマタネ・山崎種二。「鞘種」とも呼ばれ「市場のごみ」と投機師たちから〝ゴミ〟のように軽視される鞘を追い求め財を成した。まさに鞘も積もれば山となる。ヤマタネはケチ種の異名を冠せられた時期もある。長男富治にとってはそのあだ名は承服できなかった。筆者が「ヤマタネはケチではなかった」などと書くと、山種美術館の絵ハガキで丁重な礼状をくれた。実際ヤマタネは相場のもうけをいかに社会還元したか計り知れないものがある。熱海の海岸にある2代目「お宮の松」もヤマタネが寄贈したものである。

3人の神様に次いでは金貸しで海運業を営む乾新兵衛、「ツケロ買い」の文次郎、〝浪華のドンファン〟小田末造は相場に大勝、名妓照葉と外遊へ。理知に長けた「静岡筋」栗田嘉記の敗北には「栗田を殺すな」の大合唱。「発明王」寺町博は相場は下手だったが、相場をこよなく愛し鎧橋周辺に惜しげもなく散財した。市場関係者にとってはまさに神様のような存在であった。

「先物寸言」は畏友米良周が編集、発行していた「先物ジャーナル」の時代から月1回書かせてもらっていた。先物市場をよぎる多彩な顔ぶれの足跡を顕彰するよう心掛けた。だが、その米良氏もすでに他界、先物ジャーナル紙自体が休刊という名の廃刊に追い込まれたことがCX（商品先物取引）の苦渋を物語っている。東京商品取引所がJPXと統合するのを機に再生への道を歩むことを願ってやまない。政府の掲げる成長戦略の旗手としてよみがえる日を信じたい。

「新しき明日の来るを信ずといふ　自分の言葉に　嘘はなけれど——」（啄木）

令和元年　夏

鍋島高明

鍋島 高明 ***Nabeshima Takaharu***

昭和 11 年高知県生まれ。34 年早大一政・経済卒、日本経済新聞社入社。47 年商品部次長、58 年同編集委員、夕刊コラム「十字路」「鐘」、朝刊「中外時評」執筆。日経産業消費研究所、日経総合販売を経て、現在は市場経済研究所会長。

著 書

「相場名人 信条と生き方」「実録 7 人の勝負師」(パンローリング)、「蛎殻町一隅の記」(米穀新聞社)、「大番頭 金子直吉」(高知新聞社、第 58 回高知県出版文化賞受賞)、「相場の世界 昔と今と」(米穀新聞社)、「中島及著作集一字一涙」(高知新聞社)、「介良のえらいて」(五台山書房)、「高知経済人列伝」(高知新聞社)、「人はみな相場師—勝つための法則」(河出書房新社)、「細金鉚生、かく闘えり」(市場経済研究所)、「岩崎弥太郎—海坊主と恐れられた男」(同)、「語り継がれる名相場師たち」(日経ビジネス人文庫)、「マムシの本忠—吉原軍団が行く」(パンローリング)、「一攫千金物語」(河出書房新社)、「日本相場師列伝」(日経ビジネス人文庫)、「日本相場師列伝Ⅱ」(同)、「反骨のジャーナリスト中島及と幸徳秋水」(高知新聞社)、「幸徳秋水と小泉三申—叛骨の友情譜」(同、第 52 回高知県出版文化賞受賞)、「相場師と土佐」(米穀新聞社)、「相場師秘聞」(河出書房新社)、「賭けた 儲けた 生きた」(同)、「相場ヒーロー伝説」(同)、「相場師奇聞」(同)、「相場師異聞」(同)、「今昔 お金恋しぐれ」(同)、「鎧橋のほとりで」(米穀新聞社)、「市場雑観」(五台山書房)ほか。

日経新聞・電子版で「相場師列伝」(週 1 回)、モーニングスター「株式新聞」で「アマチュア相場師列伝」(月 1 回)を連載中。

相場の神々

2019年8月6日　初版第 1 刷発行

著　者　鍋島 高明

発行者　後藤 康徳

発行所　パンローリング株式会社

〒160-0023　東京都新宿区西新宿 7-9-18 6階

TEL 03-5386-7391　FAX 03-5386-7393

http://www.panrolling.com/

E-mail　info@panrolling.com

装幀・編集　株式会社CDアートスタジオ

印刷・製本　シナノ印刷株式会社

ISBN978-4-7759-9169-5

落丁・乱丁本はお取り替えします。